魏晓蓉 张博文 何苑 著

西北地区新型城镇化
与农业现代化良性互动发展研究

A STUDY ON THE POSITIVE
AND INTERACTIVE DEVELOPMENT OF
NEW URBANIZATION AND AGRICULTURAL MODERNIZATION
IN NORTHWEST CHINA

社会科学文献出版社
SOCIAL SCIENCES ACADEMIC PRESS (CHINA)

目　录

导　言

　　随着新型城镇化战略和乡村振兴战略的不断推进，中国城乡关系进入了大变革、大转型的关键历史时期，到 2019 年年底，中国的城镇化率突破60%，中国已经实现了由一个农业人口占主体的国家转变为一个以城镇人口占主体的国家，与此同时，中国经济也由高速增长阶段转向高质量发展阶段。重塑新型城乡关系，促进新型城镇化和农业农村现代化相辅相成，良性互动发展，形成城乡融合发展新局面，已经成为党和国家实现第二个百年奋斗目标的重大战略举措。

　　身处西北欠发达地区，思考和研究区域发展问题，始终有两个难题萦绕脑海，挥之不去：一是西北地区几乎所有的中小城镇都存在城镇功能不足的问题，城镇发展的产业支撑能力弱，且难以解决；二是"三农"问题作为国家政策实施的重中之重，为何长期得不到根本解决。农业作为国民经济的基础性产业，对于人口大国来说，其重要程度怎么强调都不为过，但发展到今天，农业发展仍缺乏为之配套服务的系统化、社会化产业体系。初步来看，这是两个方面的问题，但思考久了，研究深入一些，才会认识到这其实是一个问题，是一个问题在城乡两个领域的不同表现而已。在现代化进程中，这两个问题上升到理论层面和政策层面，就具体演化为城镇化问题和农业农村的现代化问题、城乡互动发展问题。同时，也认识到，这不是一个小问题，而是一个关系着人类经济社会发展进步的大问题，并且问题的产生有着大背景、大环境。这个问题不独西北地区才有，全国各地也普遍存在；不独中国有，全世界各个国家都得面对；不仅当今这个时代存在，在工业化、城镇化发端之初就已经充分展现了。说到底，如何正确处理城乡关系，城镇化和农业农村的现代化（"两化"）如何实现良性互动，是世界各国政府和一切有识之士思考社会经济问题的一个核心议题。

借鉴世界城乡关系理论大师们的远见卓识，立足西北地区经济社会发展和生态环境保护与治理的实际问题和需要，综观世界城市化进程和农业现代化进程，再求证于国内尤其是西北地区城乡互动的具体实践与探索，就会深刻认识到有机、均衡、相辅相成和独立自主应该是城市和乡村良性互动发展的最高境界和最好的目标，也应该是中国新型城镇化与农业农村现代化良性互动发展的最高追求，城乡之间形成良性互动的前提必须是，也只能是"以人为本、集约、智能、绿色、低碳的新型城镇化"与"多功能、多元化、社会化、生态型的农业现代化"之间的相辅相成、融合发展，亦即本书指的"两化"的良性互动。对中国来说，从严重分割、分化、分离已久的城乡关系转变为紧密结合、相辅相成、良性互动和融合发展的城乡关系，需要一个漫长的转型过程，需要从文化理念、城乡规划布局、涉农产业链重构、农业发展方式、农业农村教育体系和教育内容的变革等方面进行一系列的探索与创新。而这一系列的探索与创新遵循的大原则应该是"归根，复命"，回归农业、农村之根，自然生态之根，从而实现中华民族伟大复兴的历史使命。

本书所展开的"西北地区新型城镇化与农业现代化良性互动发展研究"（本书简称为"两化"良性互动研究），基于以下思考和认识。

第一，城镇是承载人类文明发展的一个巨大容器，是现代工商业和科学技术空前发展的一个硕果，它经济发展水平高，但因与大自然和乡村分割正被各种"城市病"缠身，处于发展的"岔路口"；乡村是自然生态、经济社会的地域综合体，也是人类文明和城市文明的母体，兼有生态、生产、生活和文化教育的多重功能。

改革开放以来，中国不论是东部地区还是西部地区、不论是大城市还是乡村僻壤都不同程度地得到了长足发展，但是在此大背景大格局下，始终有一个不可回避的现实：综观中国各省区市，除东南沿海少数发达地区外的全国绝大部分地区，一方面，中小城镇功能缺失，产业支撑力不足，"三农"问题突出；另一方面，全国各地的大城市、特大城市又都患有不同程度的"城市病"，影响进一步发展。这两个方面进一步构成当下中国区域之间、城乡之间、大中小城镇之间许许多多的矛盾和问题，并且这些问题和矛盾既有历史的必然性，又有深刻的根源。因此，认清中国的城镇化与农业现代化问题首先要有全局观，解决中国的城镇化与农业现代化问题更需要全局观。城市和乡村必须携起手来，相辅相成，良性互动，融合发展，就是"城市和乡村必须结为夫妇"，才是解决矛盾和问题的基本思路。

第二，工业文明给世界带来的发展和繁荣是举世公认的，但它给世界带来的不幸和灾难也是人人可以体察的。正视人类社会发展的这一矛盾，反思农业文明和工业文明各自的优劣、长短之处，生态文明已经成为人类社会发展的新议题和主旋律。对此，西方发达国家在完成工业化、城镇化之后，率先步入生态文明发展进程。今天，中国已经成为世界第一制造业大国，已有60%以上的人口实现了城镇化，但是，短时期、大规模、大体量的工业化、城镇化发展方式也让今天的中国饱受环境污染、资源短缺、城乡失衡、食品安全等多重重大问题的困扰；不充分、不平衡的发展方式，与不断富裕起来的城乡居民不断提高的生活要求已经不适应、不协调，走生态文明发展之路已经成为新时代中国全面实现现代化的不二抉择。这是人类社会发展到今天的共识和大趋势，也是中国未来发展的共识和大趋势。这种大趋势的一个基本要求就是新型城镇化与农村现代化必须相辅相成，良性互动发展。

第三，工业化、城镇化（更确切地说是大城市化）及以规模化、标准化、机械化、化学化为主要内容的农业现代化，是新中国成立以来中国经济发展的重要目标和动力。毋庸置疑，在此目标动力机制的作用下，中国经济发展取得了举世瞩目的辉煌成绩。今天，以建设生态文明国家的战略高度来审视，理论界及各级政府实践部门，对城镇化、农业现代化的认识和实践仍然存在一定的偏差和盲目性。在这个发展变化越来越快、物质财富极大丰富、物质条件方便快捷、人们的文化需求越来越丰富多彩的人口大国里，什么样的城镇化和农业现代化才是符合生态文明战略目标的城镇化和农业现代化？如何实现符合生态文明战略目标的城镇化和农业现代化？与此有关的理论探讨和实践探索在中国已经开始。西北地区独特的自然条件、地理位置、经济社会发展水平决定了其独特的城镇化与农业现代化进程、发展方式。

第四，西北地区包括陕西、甘肃、宁夏、青海、新疆五省（区）在内，是中国国土面积最大的区域，全区总面积 311 万平方千米。它地处内陆，面积广大，生态环境极为脆弱，在国家主体功能区规划中西北地区大多数区域属于限制开发区和禁止开发区。在中国历史上，甘肃、陕西一些地区曾经是中华民族的发源地和繁荣区；在现代化进程中，西北地区与东部地区的发展差距持续扩大。就当下来说，西北地区经济社会发展水平不仅远远落后于东部地区，也落后于全国平均水平。西北地区的落后主要不在于重点开发区和优化开发区，而在于西北地区广大的限制开发区和禁止开发区；不在于大城市和特大城市，而在于包括县城在内的中小城镇和广大农村地区。这些地区也是中国实现共同富裕目标最难的地区。之所以如此，一是因为这些地区经济社会发展水平长期比较落后，二是因为西北地区生态环境非常脆弱，肩负着保护中国生态安全的重大使命。欠发达，又不能放任其发展的双重矛盾，使得西北地区的工业化、城镇化和农业现代化之路尤其艰难。因此，西北地区城镇化与农业现代化发展之路必然有同于发达地区的一些地方，也有不同于发达地区的许多地方，需要慎重的系统的思考和研究。

西北地区落后更深层次的原因还在于：在西北地区，资本、人力等要素资源，在农村、小城镇、中小城市、大城市、特大城市、东南沿海大城市之间形成一级流向一级的趋势，这种趋势不仅必然让西北地区的农村处于绝对劣势地位，而且也让西北地区的中小城镇甚至大城市处于相对劣势地位。这种机制让资本和优质劳动力本来就稀少的西北地区发展不平衡问题不断加剧，区域发展不平衡问题与"三农"问题、城乡差距问题叠加，负面效应不断增强，成为制约西北地区新型城镇化与农业农村现代化实现良性互动的基本矛盾和问题。

其实，制约西北地区"两化"良性互动的问题和矛盾不是简单的几个问题和矛盾，而是众多深层次、根本性和实质性问题与矛盾叠加的结果。资本、劳动力和土地大规模净流出，是阻碍城乡形成良性互动关系的最大障碍；大城市、特大城市偏好的发展模式，与城乡良性互动具有天然的矛盾性；农业的弱质性及严重的利益流失问题，是阻碍城乡形成良性互动关系的根本原因；农业生产方式与主要矛盾转换之间的矛盾，是影响城乡良性互动的重要因素；西北地区受经济水平、自然环境的制约，城乡良性互动面临更多困难和问题：严酷的自然地理环境，让西北地区的产业化型农业现代化总是处于劣势，脆弱的生态环境与国家生态屏障的主体功能，让西北地区处于生态环境治理保护与加快发展经济的巨大困扰和矛盾之中。在新的历史时期，化解西北地区发展现状的滞后性和发展进程的矛盾性，实现西北地区人们正当、合理而美好的愿望，可行的一条路径就是尊重和理解西北地区强烈的发展愿望，以生态环境保护为统领，围绕生态治理、修复、保护，创新体制机制和发展模式，打通生态产品价值实现路径，系统性再造西北地区发展新功能、新动力、新优势和新希望。

城市和乡村必须携起手来，相辅相成，良性互动，融合发展，让城乡之间的商品、物资、资本、劳动力、技术等资源要素充分双向流动，最终形成二者之间动态的、有机的平衡状态。让广大农村地区享有与城镇居民均等化的公共服务和生活水平，已经成为新时代中国推进新型城镇化进程和农业现代化进程的基本目标。19世纪末埃比尼泽·霍华德生动、艺术化地表达了城乡之间相辅相成、实现良性互动的伟大构想，让"城市和乡村必须结为夫妇，这样一种令人欣喜的结合将会萌生新的希望，焕发新的生机，孕育新的文明"。在当下的中国，这种伟大构想明确地表达为"按照产业兴旺、生态宜居、乡风文明、治理有效、生活富裕的总要求，加快形成工农互促、城乡互补、全面融合、共同繁荣的新型工农城乡关系"。基于此，重塑新型城乡关系，构建城乡发展新格局，我们应该将发展的理想目标锁定在人类探索了几千年才认识清楚的理想发展状态上："把田园的宽裕带给城市，把城市的活力带给田园。"相比已经大力发展的东部地区，西北地区犹如处女地，更有可能用新视野、新思路、新模式，创造新希望和新文明。

尽管西北地区的"两化"互动具有鲜明的地域特殊性和复杂性，但综观全国，除少数发达地区外，许多地区的"两化"发展状况与西北情况类似，因此本书对全国"两化"良性互动在广度和深度上的研究同样具有重要的理论意义和实践价值。立足西北地区，思考和探索落后地区城镇化与农业现代化实现良性互动的一些基本问题，就成为本书的写作初衷、目标和主要内容。

本书的基本框架和研究内容如下。

导言，简述本书的写作初衷、逻辑起点、目的、意义和价值。

第一章，理论溯源。辨析生态文明时代新型城镇化和农业现代化的基本内涵；从霍华德的"田园城市"理论到芒福德的"城市发展史"说起，理清城乡发展相关理论的要义所在。

第二章，中国城乡关系的演化历程。梳理中国城乡分割—城乡协调—城乡统筹—城乡一体化—城乡融合、互动发展等处理城乡关系的政策演化过程。

第三章，西北地区城镇化与农业现代化的基本状况。主要根据国家统计年鉴提供的数据资料，总体上认识和把握西北地区城镇化和农业现代化发展的基本状况。

第四章，西北地区"两化"互动的田园调查与分析。为了充分认识和全面反映西北地区城乡互动关系最基本最一般也是最真实的现实状况，让本书的研究尽可能建立在普遍性、一般性现实基础上，避免特殊因素、特殊条件对本书研究思路的影响，课题组根据西北自然地理类型选择了能够代表西北主要自然地理类型和农业经济发展条件的5个乡村进行实地调查。调查内容主要围绕农村地区城乡互动的实际发展状况来展开，重点一是当地的劳动力转移及其城镇化状况；二是农业生产及农业现代化发展状况；三是城镇化和农业现代化对当地的农业生产、农村生活、教育、医疗、生态环境等的影响。调查方法主要是与乡镇政府负责人、村负责人、村民及外出打工者代表面对面座谈。据此形成了 1 个总体分析报告和 5 个分报告。

第五章，"两化"良性互动的国际经验。

第六章，西北地区"两化"良性互动的制约因素。

第七章，国内"两化"良性互动的实践和探索。选择了六个典型案例，分析当下中国"两化"良性互动的一些主要方式及其成效。

第八章，促进西北地区"两化"良性互动的途径探讨。理清西北地区"两化"良性互动的基本思路、实现路径和基本框架。

本书是在国家哲学社会科学基金项目"西北地区新型城镇化与农业现代化相辅相成的制度创新研究"（项目编号：15XJY006）结项研究报告基础上修改完善而成。需要说明的是，由于本研究历时长，收集资料渠道多，前后使用数据的时间点有可能并不完全一致；课题组部分成员的阶段性研究成果已经陆续公开发表。同时，中国构建新型城乡关系的伟大进程才刚刚开始，城乡融合发展、良性互动研究涉及的内容非常广泛，限于课题组成员研究能力和水平，以及相关资料获取的难度，本书只是从西北地区的视角进行了一些尝试性的探索，还存在不少问题，研究还需要进一步深化，存在的不当和不足之处，敬请同行专家和学者不吝赐教。

魏晓蓉

2022 年 3 月

第一章　理论溯源

物有本末，事有终始，知所先后，则尽道矣。任何一个与经济社会发展密切相关的概念和理论，几乎都会经历不断演化、丰富和完善的过程，均具有动态性和历史性，城镇化和农业现代化的概念和理论无疑最具有这种特征。世界城市化进程自 18 世纪 60 年代开始，历经 260 多年，国内外理论界对城镇化和农业现代化概念与理论的论述非常丰富，可谓纷繁复杂。理清事物发生的源头和发展的脉络及其本质是认识和把握复杂事物的最佳方法。为此，本书的理论综述根据研究课题的中心议题需要，一是理清城镇化和农业现代化的基本内涵，二是对城乡互动关系的重要理论进行溯源，以此把握城乡互动关系的本质和基本原则。

第一节　新型城镇化和农业现代化的内涵

城镇化和农业现代化的内涵在不同时代有不同的认识。当下，中国的新型城镇化和农业现代化的概念与内涵是对农业文明时代和工业文明时代城镇化和农业现代化的一种扬弃。

一　城镇化概念、特征及基本理论

"城市化"由"urbanization"翻译过来，"urban"本身包含城市"city"和镇"town"的意思，这就是说从"城市化"的本源上讲，城与镇原本是一体的。"城市化"是世界通用概念，"镇"属于农村地区。在中国，城市规划法把符合标准的"镇"划入城市范畴，所以大家一般用"城镇化"这一概念。"城镇化"这一概念具有鲜明的中国特色，符合中国国情，其本意是为了促进大中小城市的协调发展。

在众说纷纭的城镇化概念界定中，较权威学界也较为接受的是各国工具书和百科全书中的论述。其中，《大英百科全书》给出的城镇化定义最直截了当，最能反映城镇化的本质特性：城镇化是指人口向城镇或城市地带集中的过程。美国的新版《世界历史》给出的城镇化概念的内涵最明确：城市化是一个过程，包括两方面的变化，一方面是人口从乡村向城市运动，并在城市中从事非农工作；另一方面是乡村生活方式向城市生活方式转变，包括价值观、行为和态度等。中国根据国情和发展的需要，在《中华人民共和国国家标准城市规划基本术语标准》中，关于城镇化概念的权威界定特别强调农村人口向城市人口的转化，指出城市化是人类生产与生活方式由农村型向城市型转化的历史过程，主要表现为农村人口转化为城市人口及城市不断发展完善的过程。

从世界城镇化发展的历史进程以及人们对城镇化的理解和理论研究来看，城镇化的本质特征和内涵可以概括为以下三个方面。

人口特征：拥有较高密度的居住区域是城镇的基本特征，一定水平的人口规模和人口密度是一个区域成为城镇的基本表征。伴随分散的农村人口向城市集中，农村人口逐渐转变成城市人口，城市人口在总人口中的比例逐渐上升。并且随着时间的推移，农村数量减少，城市数量增加、规模扩大。正如西蒙·库兹涅茨的直白表达："城市化是城市和乡村之间的人口分布方式的变化。"[1]

产业特征：产业分工和集聚经济推动的大规模非农经济活动是城市存在和发展的物质基础。城镇化首先表现为社会经济活动中农业活动的比重

---

[1]　西蒙·库兹涅茨：《现代经济增长：速度、结构与扩展》，戴睿、易诚译，北京经济学院出版社，1989，第1页。

逐渐下降，以工业、服务业为主的非农业活动比重逐渐上升，继而整个社会从以农业为主的乡村社会向以工业和服务业为主的现代社会演变。库兹涅茨通过对世界各国历史史料的深入研究，总结出国家或地区工业化的三个发展阶段，就是最好的例证。

社会特征：城市化也是社会关系、社会组织和社会生活从农村方式向城市方式转变的过程。这些方式既包括日常生活习俗、习惯，也包括制度、规则、规划、方法等，城市化意味着传统生活方式、人际关系、生产关系等的改变。

与此一脉相承，世界各国普遍接受的关于城镇化理论的基本思想和核心理念，可以概括为以下几个方面。

一是工业化是城镇化的首要推动力，城镇化是工业化发展的必然结果。机器大生产，尤其是现代工业体系必然要求社会分工协作的细化、深化和扩大化。与此生产方式相适应，便利的交通设施、先进完善的科学技术和教育体系、丰富的劳动力和信息等近现代工业发展不可缺少的条件，不可避免地在空间上高度集聚，推动了城市规模的扩大，工业化与城镇化互动、相辅相成，共同推动人类社会发展成为工商业文明的现代社会。

二是产业结构转化是城镇化的核心机制。城镇在减少交易费用和提高经济活动效率方面有着农村不可比拟的优势，而交易费用和经济效率是第二、第三产业进行区位选择时首先考虑的重要因素。因此，随着社会生产力水平的不断提高，社会分工的进一步深化，工业和服务业逐渐与第一产业在空间上分离，集聚在区位条件优越的区域，形成了以第二、第三产业为主的城市经济，与以第一产业为主的农村经济"渐行渐远"，进而整个区域演化成以城市为中心的经济结构和社会形态，并成为工业文明时期各个国家或地区争先恐后追求的现代化目标。

三是集聚效应和辐射效应是城镇化的主要功能。人口集中和产业集聚是城镇化的显著特征。在减少交易费用、较低生产成本的本能驱动下，城镇具有了魔术般的"磁铁效应"，不断吸引着人口、资本、信息等各种物质技术资源在空间上高度集中，城镇规模不断扩大，并且表现为小城镇

"小磁铁"、大城市"大磁铁",集聚效应和城镇规模相辅相成、互相强化,促进城镇化进程不断加快。

总之,城镇化实质上是人类社会自农业社会向工业社会的转变过程,是工商业经济和城市经济逐渐取代农业经济、农村经济成为社会主导力量的过程。其客观结果是城市集中了社会的大多数经济资源,成为社会的经济中心,农村成为城市的原料供应地和劳动力输出地。

上述关于城镇化的概念、本质特征和基本发展理念是人类社会在工业文明时期的经验总结,也是世界各国城市化发展的一般规律的反映。这种城镇化发展方式及其理论,可以称为传统城镇化模式和传统城镇化理论。

二 传统城镇化理论和实践的局限性及问题

进入 21 世纪,正当中国工业化、城镇化进程高歌猛进时,人类社会发展与自然资源、生态环境之间的矛盾和冲突日益凸显、愈演愈烈,以可持续发展观为核心理念的生态文明成为现代社会发展的重要目标和主旋律。今天,以生态文明理念的视角来审视,传统城镇化理论存在严重的局限性。

一是强调工业化是城镇化的首要推动力,以静止和孤立的立场看待工业与农业、城市与乡村、经济发展与生态环境之间的关系,更多地强调工业与农业、城市与乡村的不同,在自觉不自觉之间忽视生态环境、农业、农村在人类社会生产、生活和生态中的基础性、决定性地位,在对交易费用和经济效率的考量中完全没有将生态、资源等环境因素囊括进来。

二是强调集聚效应、规模效应。传统城镇化理论发端于工业化早期,成熟于工业化中期,客观上受时代生产技术水平的局限,特别强调集聚效应、规模效应在经济社会生活中的重要性。进入 21 世纪,随着人类生产力发展水平的提高,现代化进程的加快,电子、信息和网络技术广泛应用,方便快捷的现代交通设施、交通工具的普及,世界已经变成一个紧密相连的"地球村",人与人、人与物的互联互通已经非常简单容易,传统意义上的交易成本大大降低,集聚效应、规模效应的关键性意义亦随之发生重大变化，区位因素对现代生产方式和生活方式的影响力渐渐减弱，总之，在现代社会，城镇化发展的客观条件已经发生深刻变化。

三是传统城镇化理论不可能适应所有国家，也不可能适应所有发展阶段。传统城镇化理论是世界发达国家工业化城镇化的历史经验，是在工业文明早中期生产力发展水平下，工业化先行国家城镇化发展道路的一般性规律的总结。早期工业化国家实现城镇化的一个重要条件，就是大规模开拓海外殖民地，并把殖民地变成转移人口、掠夺原材料、倾销商品的基地。如同任何一种理论都不可能适用于所有领域、所有条件一样，传统城镇化理论的核心理念——工业化是城镇化的推动力，城镇化是工业化的必然结果——同样不可能适应所有国家的所有发展时期。后期实行工业化的发展中国家和地区，其城镇化进程已经不可能具备早期工业化国家的这一重要条件。不同的国家，国情不同、发展条件不同、发展阶段不同，探索适合自己国情特点和发展阶段的城镇化理论与模式就尤为必要。

正是由于传统城镇化理论及其发展方式本身的局限性，世界各国在城镇化具体实践中不同程度地存在三大矛盾和问题。

一是资本主导、工业优先、城市优先的发展模式，常常使大量劳动者处于悲惨或不利境地。传统城镇化的首要推动力是工业化，工业化的首要推动力是资本的原始积累，而资本的原始积累总是伴随着下层劳动者的血泪史，正因为如此，马克思的著名论断"资本来到世间，从头到脚，每个毛孔都滴着血和肮脏的东西"① 才有其不朽的智慧光芒。早期工业化先行国家是如此，后期工业化国家也不例外，只是表现方式和程度有所不同而已：英国工业化初兴时期的"圈地运动"，导致了臭名远扬的"羊吃人"现象；19 世纪"工业技术的天堂'焦炭城'里产业工人天经地义地生活在这样的环境：黑暗的蜂房，叮叮当当，喧闹不休，漫天烟雾，乌烟瘴气"②，21 世纪，拉美许多国家和印度出现了大量大型、超大型贫民窟；

---

① 《马克思恩格斯选集》第 2 卷，人民出版社，2012，第 297 页。
② 刘易斯·芒福德：《城市发展史——起源、演变和前景》，宋俊岭、倪文彦译，中国建筑工业出版社，2005，第 461 页。

而在中国，城镇化进程中出现了大量的在城乡之间钟摆式迁徙的"农民工"。这些现象在工业化和城镇化早中期阶段很少有国家可以幸免。其根源在于传统工业化和城镇化模式所特有的资本主导、工业优先、城市优先的发展机制。

二是"城市病"如影随形。传统城镇化强调工业化是城镇化的首要推动力，并以非农人口在总人口中的比重作为衡量城镇化率的首要指标，强调规模效应、集聚效应，这种发展方式虽然促进了城市地区的经济繁荣、效率提高，但是其也必然会导致城市规模无限扩张，人口规模不断膨胀，房价高企，交通拥堵，能源消耗剧增，人居环境恶化，城与乡割裂，人与自然分离，这进而产生社会交易成本上升、粮食安全和食品安全问题凸显、贫富差距和城乡差距扩大等一系列关系社会、经济、生态持续发展的问题，并导致恶性循环。不论是发达国家还是发展中国家，这几乎是世界上绝大多数大中城市的宿命（除一些有特殊制度安排的城市以外）。

三是忽视农业、忽视生态环境，是一种不可持续的城镇化。以工业化为动力，资本主导、工业优先、城市优先的传统城镇化方式，是很多国家争先恐后追求的所谓"现代化"进程。也就是说，18世纪60年代兴起至今260余年的工商业文明，逐渐取代和否定了人类已经发展了几千年的农业文明。无论是近代工业化、城镇化发端地的英国、美国，还是后续陆续追赶的日本、韩国、巴西等国家，当然更包括今天工业化和城镇化正在高歌猛进的中国，都曾经历了或正在经历着农村衰落、生态恶化、环境污染、资源枯竭的严酷现实。工业文明创造了巨量的物质财富，促进了人类社会的进步与繁荣。但工业文明有着根本性的缺陷：科学技术和生产力的高度发达及其特有的体制机制，以鼓励消费和奢侈浪费来维持规模生产，以过度追求利润为发展目标，完全忽视自然资源的再生能力和生态环境的承载能力。正因为如此，从工业文明诞生之日起，其弊端和缺陷就引起许多思想家的反思和批评。马克思、恩格斯都曾经对工业文明所导致的人与人、人与自然的"异化"现象进行过深刻反思；卢梭对工业文明过分膨胀的工具理性可能带来的危害发出警告。今天来看，这些思想家担忧和警告的现象并没有因为科学技术的日益发达而消失，工业文明的弊端和缺陷，只是在不同历史时期有着不同程度、不同方式的表现而已，有些方面甚至愈演愈烈，生态文明代替工业文明也就成为人类历史发展的必然要求和趋势。

三 新型城镇化的内涵及本质要求

新型城镇化正是生态文明背景下，中国总结人类文明发展历程，反思工业文明弊端和缺陷，针对传统的、粗放式的城镇化存在的问题提出来的具有特殊内涵的概念，是中国城镇化发展的新阶段。我国近现代城市化进程主要源于工业文明时代产业资本集中所要求的积聚化、规模化、标准化所派生的一系列制度体系，形成了产业集群和城市带、城市群叠加在一起并以大城市为中心的发展模式，工业文明时代形成的以大城市为重心的集中式城市化发展方式已经不适应生态文明时代的要求。

顺应生态文明发展的内在要求，自党的十八大明确提出新型城镇化之后，我国学界开始从不同角度研究新型城镇化的基本内涵和本质要求，对新型城镇化内涵的理解和界定呈现多元化特征。牛文元认为："新型城镇化是注重城乡一体化，注重集约发展、和谐发展，提升农民和城镇居民的生存、生活质量，转变经济发展方式，实现资源节约、环境友好、大中小城镇协调发展的道路。"[1] 吴殿廷等对新型城镇化的定义是以人为本、注重质量、统筹城乡及绿色发展的城镇化发展道路。[2] 住房和城乡建设部原副部长仇保兴则认为："新型城镇化是从城市优先发展、高耗能、数量增长型、高环境冲击型、放任式、少数人先富的城镇化向城乡协调发展、低能耗、质量提高型、低环境冲击型、集约式社会和谐的城镇化转型发展。"[3] 张占斌将新型城镇化的内涵和特征概括为四个方面："一是'四化'协调

---

① 牛文元主编《中国特色城市化报告（2012）》，科学出版社，2012。
② 吴殿廷等：《新型城镇化的本质特征及其评价》，《北华大学学报》（社会科学版）2013年第6期，第33～37页。
③ 仇保兴：《新型城镇化：从概念到行动》，《行政管理改革》2012年第11期，第11～18页。

互动，推动产城融合，实现城乡统筹发展和农村文明延续的城镇化；二是
人口、经济、资源和环境相协调，倡导集约、智能、绿色、低碳的城镇
化；三是构建与区域经济发展和产业布局紧密衔接的城市格局，推进大中
小城市与小城镇协调发展的城镇化；四是实现人的全面发展，建设包容
性、和谐式的城镇化。"① 魏后凯、关兴良总结了新型城镇化的内容和目
标："在推进城镇化的过程中，必须把城市和农村作为一个有机整体来谋
划，破解城乡二元顽疾，建立并完善城乡融合互动发展的体制机制，加快
城乡产业融合发展，促进城乡互动双赢、互补融合，形成以城带乡、以工
促农、城乡一体的协调发展格局，使城乡居民享受均等化的基本公共服务
和大体一致的生活质量。"②

　　以上多种表述表明，在新的历史发展时期，新型城镇化概念的提出，
内涵的不断丰富和完善，至少在理论认识层面和国家政策导向层面，中国
对城镇化的理解与认识已经发生了重大变化，以以人为本，集约、绿色、
和谐和城乡一体化发展为基本特征的新型城镇化已经成为中国城镇化的新
目标。中国城镇化的发展主体也由特大城市、大城市逐渐转向 1866 个县级
单位，包括 394 个县级市以及一些重点中心镇。这表明中国的城镇化从脱
胎于农村却越来越背离于农村的"异化物"，开始面向她的"母体"——
广阔的农村、广袤的生态环境。

四　农业现代化的内涵及其演变

　　近现代，"现代化"几乎成为各个发展中国家普遍追求的正确目标，
而"现代化"也是我们这个时代最令人着迷又最令人困惑的概念。追根溯
源，"现代化"一词是第二次世界大战后，发展中国家为追赶已经工业化
的发达国家而提出的，而现代化的过程与内容却伴随着肇始于西欧和美国
的近代工业革命以及工商业文明的发展而演化。现代化理论也是欧美一些

---

① 张占斌：《新型城镇化的战略意义和改革难题》，《国家行政学院学报》2013 年第 1 期。
② 魏后凯、关兴良：《中国特色新型城镇化的科学内涵与战略重点》，《河南社会科学》2014
年第 3 期。

学者仅仅依据西方发展的历史经验而得出的理论推断，他们把资本主义工业化后的社会称为"现代社会"，把在它之前的社会称为"传统社会"，他们把现代化明确地表达为从前一类社会向后一类社会的转变过程，即从传统农业文明向现代工业文明的转变，并且，伴随着这种转变，社会生活的各个领域也随之发生深刻变革，这就是现代化的本来含义。正是在那个时代的特定意义上，塞缪尔·亨廷顿对现代化提出了一个著名论断——现代化是在现代社会中正在进行着的重要变化。世界发展到了今天，如果按此标准，世界上大部分国家早已是实现了现代化的国家，现在的中国也不例外。在人类社会普遍实现了工业化的 21 世纪，"现代化"一词还有另一层含义：现代化不是某一个固定标准，现代化也不是哪一个固定模式，现代化是一个动态的历史发展状态。"现代化"一词这样的本质内涵正暗合中国传统文化中"苟日新，日日新"的文化精神，也就是我们国家今天的时代精神——与时俱进。也只有在这个意义上，人类社会由工业文明时代进入生态文明时代，提倡、发展和研究农业现代化才有了现实意义和历史价值。

"农业现代化"也应该是上述现代化理论在农业领域的应用。关于农业现代化理论研究最具代表性的成果要数西奥多·W. 舒尔茨 1964 年出版的《改造传统农业》一书，他认为："发展中国家的经济成长有赖于农业的迅速稳定增长，而传统农业不具备迅速稳定增长的能力，出路在于把传统农业改造为现代农业，即实现农业现代化。"① 显然舒尔茨是根据欧美国家的农业发展的历史经验和发展水平来看待发展中国家农业的，将发展中国家的农业视为落后的影响经济发展的传统农业，需要把"传统农业"改造成"现代农业"。

发展中国家的农业尤其是有着几千年发展历史的中国农业就一定是落后的吗？美国模式的农业就是先进的现代化农业吗？早在 1909 年，美国农业部土壤所所长、威斯康星州立大学土壤专家富兰克林·H. 金在详细考

---

① 西奥多·W. 舒尔茨：《改造传统农业》，梁小民译，商务印书馆，2006。

察了中国、日本和朝鲜的农业后，出版了《四千年农夫：中国、朝鲜和日本的永续农业》一书，这本书在 20 世纪 50 年代成为美国有机农业运动的"圣经"，书中明确指出美国的"大规模 + 集约化"农业在不到一百年的时间里，就使得北美大草原的肥沃土壤大量流失，地力下降，严重影响了美国农耕体系的可持续发展，作者高度赞扬了东亚传统农业模式一直以来都是资源节约型、环境友好型并且是高效型的可持续农业。他惊叹道："这些世界上最古老民族的农民在长期的人口资源压力下逐渐采纳形成的实践经验，构成了这些国家的农耕体系。这套农耕体系经过长达 4000 年的演化，在这块土地上仍然能够产出充足的食物，养活如此众多的人口。"并感慨："假如能向世界全面、准确地解释仅仅依靠中国、朝鲜和日本的农产品就能养活如此多的人口的原因，那么农业便可以当之无愧地成为最具有发展意义、教育意义和社会意义的产业。"[①]

对农业现代化概念的理解和应用，我们必须慎思明辨，务必要有一个清醒的认识。在此，我们可以明确地认为：农业现代化是一个动态的历史发展过程，农业现代化的内涵随着经济、社会、科学技术的发展和对农业不断更新的需求而不断变化、不断丰富，不同历史时期农业现代化的内涵有不同的内容和特征。从理论发展的脉络看，中国在理论、政策层面及实践中对农业现代化内涵的理解，基本可以达成共识的解释大致经历了以下几次演变。

1. 工业化的农业现代化

20 世纪 50 ~ 70 年代，是新中国的工业化、城镇化的起步阶段，国家为了建设完整的工业体系，实施了重工业优先、大城市优先的发展战略。为配合战略目标的实现，国家在农村大力发展集体经济，推行人民公社制度，以美国、苏联的大规模农业为样板，首次提出要实现我国的农业现代化，其内涵主要是农业的"四化"，即机械化、化学化、水利化和电气化，

---

① 富兰克林·H.金：《四千年农夫：中国、朝鲜和日本的永续农业》，程存旺、石嫣译，东方出版社，2011，第 2 ~ 3 页。

重点强调农业现代化就是工业技术对农业的装备过程，因此当时的农业现代化可以被称作工业化的农业现代化。

2. 商品化、产业化的农业现代化

到了 20 世纪八九十年代，随着以家庭联产承包责任制为主要内容的农村经济体制改革的推进，人们对农业现代化内涵的理解也发生了变化，一般认为农业现代化就是把传统农业转变成现代农业的过程，就是运用现代工业提供的物质装备、现代科学技术和现代科学管理方法，把传统农业转变为现代农业，其实质是把自给自足的传统农业转变为商品化、市场化的农业。1984 年，《中国农业经济学》一书明确提出："所谓农业现代化，就是把农业建立在现代科学的基础上，用现代科学技术和现代工业来装备农业，用经济管理科学来管理农业，把传统农业变为具有当代世界水平的现代农业，即生产技术科学化、生产工具机械化、生产组织社会化、管理上多功能系列化。"①

从 20 世纪末到 21 世纪初，随着我国市场化进程的不断深化，工业化、城镇化、信息化、农业现代化进程的快速推进，人们对农业现代化有了更进一步的要求，概括来说，这一时期农业现代化的内容主要包括以下几个方面：一是农业经营产业化、商品化，专业大户、集体农场、农业支柱企业等为农业生产主体，形成种养加、产供销、贸工农一体化的经营格局；二是农业经济结构特色化、品牌化，发展特色农业产区、农业支柱产业，培育品牌产品，形成具有市场竞争力和规模经济优势的农业区域结构；三是农业生产手段机械化，在农业生产主要环节普遍实现机械化，提高劳动生产率；四是化学化，建立发达的农用工业保障体系，提供高效、低毒、低污染化肥、农药、农膜等农用物资，满足农业生产需要；五是农业科学技术现代化，主张在农业领域广泛应用科学技术，形成多层次的覆盖整个农村的农科教网络体系；六是农业服务社会化，主张在农业生产经营领域

---

① 全国十二所综合性大学、《中国农业经济学》编写组编《中国农业经济学》，辽宁人民出版社，1984，第 52 页。

形成发达的社会化服务网络；七是农业宏观调控信息化，主张建立农业地理信息系统、统计信息系统和市场信息系统等，政府依据这些信息系统对农业进行有效调控。

到了 2007 年，中央"一号文件"（《中共中央 国务院关于积极发展现代农业扎实推进社会主义新农村建设的若干意见》）明确提出："发展现代农业是社会主义新农村建设的首要任务……要用现代物质条件装备农业，用现代科学技术改造农业，用现代产业体系提升农业，用现代经营形式推进农业，用现代发展理念引领农业，用培养新型农民发展农业，提高农业水利化、机械化和信息化水平，提高土地产出率、资源利用率和农业劳动生产率，提高农业素质、效益和竞争力。"①

3. 产业化型农业现代化的局限性

以规模化、标准化、化学化、商品化为主要内容的产业化型农业现代化在中国的发展历程只有短短的 40 多年，却带来了中国农业发展水平的突飞猛进，农业生产效率得到了极大提高。"农田有效灌溉面积占比、农业科技进步贡献率、主要农作物耕种收综合机械化率分别达到 52%、56% 和 63%，良种覆盖率超过 96%，现代设施装备、先进科学技术支撑农业发展的格局初步形成。"②

但是以规模化、标准化、化学化、商品化为主要内容的产业化型农业现代化必然也是一种资本不断深化的农业现代化，而资本化的农业在全世界发展的结果都被公认会带来严重的负外部性：一是过剩；二是污染；三是破坏乡土社会稳定。产业化型农业现代化在中国发展的结果也不例外。产业化型农业现代化主要得益于现代科技带来的种子技术的创新，化肥、农药、农膜的大量使用，以及转基因技术支撑的农产品产量的成倍增加。

---

① 《中共中央 国务院关于积极发展现代农业扎实推进社会主义新农村建设的若干意见》，中国政府网，2006 年 12 月 31 日，http：//www. gov. cn/gongbao/content/2007/content_5489 21. htm。

② 《国务院关于印发〈全国农业现代化规划（2016—2020 年）〉的通知》，中国政府网，2016 年 10 月 20 日，http：//www. gov. cn/zhengce/content/2016 – 10/20/content_5122217. htm。

大量化学品投入造成的直接后果就是土壤有机质的减少、水源的污染以及农业生态系统的破坏；规模化、单一化种植造成生物物种多样性大量减少，农作物病虫害加剧，农业与自然生态系统之间的依存关系遭到破坏；设施化高投入高消耗农业加剧了资源和能源的供求矛盾；为追求高效益，一些人不择手段大量使用危害人们健康的化学品和转基因品种，使食品安全问题甚至超过粮食安全问题，给社会带来整体不安全感，大大降低了经济快速发展给人民群众创造的幸福感和获得感。在中国农业资源环境背景下，相关产业已经由创造正生态效益的产业转变为制造最大内源性污染的产业。中国产业化型农业现代化高速发展的阶段，也是中国"三农"问题全面爆发，农村各种社会矛盾、各种生态环境问题最凸显的历史阶段。

在人类社会由工业文明向生态文明逐渐演化的21世纪，全世界越来越多的国家开始强调改变农业的资本化、市场化发展模式，综合化、社会化和生态化成为21世纪世界各国现代农业发展的新方向。农业现代化是中国农业发展的大方向、大逻辑。随着中国经济发展进入新常态，中国社会的基本矛盾已经转变为人民日益增长的美好生活需要和不平衡不充分的发展之间的矛盾，中国农业现代化的内涵需要再一次更新、丰富和发展。

4. 多功能、多元化、社会化、生态型的农业现代化

现代化是在现代社会中正在进行着的重要变化。在实施生态文明战略、建设生态文明国家的新时代，中国农业现代化的内涵正在发生着重要变化，产出高效、产品安全、资源节约、环境友好成为中国农业现代化的基本目标和要求，多功能、多元化、社会化、生态型的农业现代化已经悄然兴起并逐渐成为农业发展的新趋势、新特征、新方向，多功能、多元化、社会化、生态化成为现代农业的四大新特征。

（1）第一大特征——多功能。生态文明本身就是具有多样性的人类文明，农业是中国实施生态文明战略最重要的阵地和载体。在当今社会，人们越来越认识到，农业不仅仅具有提供农产品满足社会需要的基础功能——经济功能，同时还具有维护社会稳定、维系人们身心健康、保持生态

环境持续发展的多重重要功能，也就是说，农业除经济功能外，还具有政治功能、社会功能、生态功能、文化教育功能等多种功能。而且，这些功能随着社会经济发展水平的不断提高，越来越受到社会的普遍重视。在农业文明时代，正是中国传统农业支撑和维系了中华文明几千年的辉煌历史。在工业文明时代，产业化型农业现代化只强调农业的经济功能，忽视甚至危害着农业的其他功能，造成社会的结构性失衡和诸多矛盾。在生态文明时代，推进中国农业现代化，应该充分认识和发挥农业对经济、政治、社会、生态、文化建设的基础与支撑作用。农业多重功能发挥程度的高低，应该成为判断农业现代化发展水平高低的重要指标，多重功能越是发挥充分的农业，越是符合现代化内涵和标准的农业。

发展多功能农业也是现代化农业发展比较成功国家的先行经验。日本早在1980年制定的"农改基本原则"中就主张农村要发挥五大功能，即供给粮食；适度配置人口，提供就业场所，维护社会稳定与均衡；有效利用资源；提供绿地空间，形成自然植被；维护文化传统。2007年中央"一号文件"提出，农业不仅具有食品保障功能，而且具有原料供给、就业增收、生态保护、观光休闲、文化传承等功能。文化传承功能是最高层次的农业功能。农耕文化的许多理念、思想，古代中国人对自然规律的认知，比如取宜、守则、和谐、自强不息等，构成了华夏文明的主要哲学内涵，维系着中华民族的生生不息。

（2）第二大特征——多元化。中国农业现代化的实现方式必然是多元化的。现代化农业是市场化的农业，市场化经济的一个本质特征就是满足多样化的需求。农业的自然属性、人多地少的基本国情、农业生产经营条件的地域差异以及农业的多功能性决定了中国农业现代化的实现方式必然是多元化的方式。任何单一化的发展模式、生产经营方式及生产经营主体都不足以解决中国的农业现代化问题。规模化的大田作业是农业现代化的一种发展模式，同样，健全完善的社会化服务体系支撑的小农经营方式也是农业现代化的一种发展模式；集都市农业、旅游农业、休闲观光体验于一体的田园综合体农业、生态农业、精准农业、数字农业、环境保全型农业等，都是社会、经济和生态发展及人们生活需要的农业发展方式。合作社、种植养殖大户、龙头企业是农业现代化的经营主体，家庭农场、小农户等同样也是农业现代化的经营主体。只有多元化的农业现代化才是符合中国发展实际的农业现代化。

（3）第三大特征——社会化。当下农业现代化发展的第三大新趋势和特征就是社会化。农业的社会化特征是由农业的自然属性和农业的多重功能共同决定的。生物的多样性是生态文明最本质的内涵，而农村、农业、农民天然是一个和自然结合而本质上具有多样性的领域，"农业的社会化是要让农业从一般经济社会脱嵌，再回到乡土社会，使农业具有的自然多样性属性，跟农村社会文化的多样性的属性结合在一起，社会化农业就是社会广泛参与的农业"。① 更进一步说，社会化农业就是大众广泛、全程参与互动的农业，农业的发展不再是简单的经济发展问题，农业是事关人类生命健康全面发展的生命文化，农业是全社会的生命事业。社会化农业本质上不同于单一化、规模化、集约化的产业化农业。具有自然属性的农产品也完全不同于标准化的工业品，生产经营完全交由公司和农户全权处置的产业化型农业现代化，永远无法解决食品的安全问题、生态环境的污染破坏问题及农村日益衰败的命运问题。

社会化农业就是农业生产的要素提供与配置、日常的经营管理、行业的规划与设计、产品价值的实现等，应该有多方力量共同参与，优势互补，增强并优化农业发展的条件，拓展农业的潜力与功能，为农业提供更稳定的保障，分担农业发展的成本与风险，与农民共享收益和价值。社会化农业有利于人与自然复合的生态系统的全面修复，有利于形成多元社会群体互动的良性治理体系，有利于构建城乡融合发展的新局面。

近代工业文明的发源地欧洲早在 20 世纪 70 年代就兴起"绿色革命"，中产阶级及中小资本纷纷到小城镇和乡村创办中小企业，到 20 世纪 90 年

---

① 温铁军：《告别百年激进：温铁军演讲录（2004—2014）》（上卷），东方出版社，2016，第 339～340 页。

代欧洲乡村农场的 60% 以上已经变成市民农业，形成了城乡融合和城乡良性互动的发展局面。① 而今天，互联网等现代信息技术的发展为中国农业的社会化提供了种种可供选择的技术路径，互联网经济内生的公平分享机制，使得市民与农民广泛深度合作，"互联网＋"农村经济如雨后春笋般涌现，社会化农业正在中国蓬勃发展，不符合生态文明要求的产业化型农业现代化，必然为历史发展的潮流所抛弃。

（4）第四大特征——生态化。生态化是农业最本质的特征，脱离生态化发展的农业就脱离了农业的自然属性，也就脱离了农业作为人类社会生存和发展的基础属性。生态化农业既要保障人类需要的农产品的优质化、天然化、有机化、多样化，又要保证生态环境中其他植物、动物的丰富性和多样性。生态化农业是产业化农业向农业本质属性回归的农业，是资源节约型和环境友好型农业，也是要有效杜绝石油化、化学化的农业，传承自然生态的耕作模式，用生态有机的方式保障土壤、水等自然资源为人类提供充足的粮食、蔬菜、瓜果等，恢复乡村优美的田园风光和自然景观，保存和弘扬优秀的农耕文化。只有这样的农业才是符合人类基本需求的农业，也才是符合生态文明要求的农业，生态化农业是当代社会农业现代化的必由之路。

仇保兴的一段论述高度概括了当下中国农业现代化的真正含义和目标："在城镇化快速发展的大背景下，要用全世界 7% 的耕地、7% 的淡水资源来支撑中华民族的生存和发展，就必须留得住农民，留得住农业和生态空间，即农村的耕地、林地、水源地等，建立起能与自然生态环境和谐相处的农业农村发展新模式，也就是生态文明时代农业农村发展的新路子。这是我国根本的长期的战略任务之一，也能为我国农业、农村、农民问题的解决带来许多新的机遇。"②

---

① 温铁军：《告别百年激进：温铁军演讲录（2004—2014）》（上卷），东方出版社，2016，第 407 页。
② 仇保兴：《应对机遇与挑战——中国城镇化战略研究主要问题与对策》，中国建筑工业出版社，2009，第 148 页。

以多功能、多元化、社会化和生态化为特征的农业现代化才是符合生态文明社会的农业现代化，才是满足新时代人们美好生活愿望和追求的农业现代化，也唯有这样特征的农业现代化才能与以人为本、集约、智能、绿色、低碳的新型城镇化相辅相成，才有可能实现新型城镇化与农业现代化的良性互动发展，并成为维护中国经济社会健康持续稳定发展的两极，为中华民族的伟大复兴提供根本动力。

本书所要探讨的城镇化和农业现代化（以下简称"两化"）就是具有这种内涵的新型城镇化和农业现代化。

第二节　城乡良性互动理论溯源

理论溯源的目的在于看清问题的本源及本质，而站在巨人肩上，顺着巨人指出的方向前进，则是看清问题本源和本质最直截了当的方法。在研究城乡关系的理论长河中，英国的埃比尼泽·霍华德和美国的刘易斯·芒福德无疑就是这样的巨人。埃比尼泽·霍华德生活在世界工业化城市化的发源地——19世纪的英国伦敦，体验了近现代工业化城市化的繁荣，也目睹了工业化城市化所付出的代价——乡村的衰落，深刻体会到在英国的现代化进程中各阶层人们生活的酸甜苦辣，他是较早深刻思考城乡互动发展问题的思想大师，他关于城乡结合的理论对世界城市发展的实践探索一直有着广泛而深远的影响。刘易斯·芒福德是世界著名的城市理论家，他生活在世界现代化进程最卓有成效、最成功的美国，他通过对世界上主要城市发展历史的考察，能够以独特的眼光洞悉城市发展的过去、现在和未来。霍华德和芒福德是世界城市发展理论界的两座高峰，他们关于城市乡村发展的思想和理论，在中国实施新型城镇化战略和乡村振兴战略的今天来看，仍然鲜活而深刻。

一　城市—乡村磁铁理论及其国际影响

1898年，埃比尼泽·霍华德出版了《明日：一条通向真正改革的和平

道路》，此书在 1902 年第二版时更名为《明日的田园城市》。时至今日，
《明日的田园城市》仍然是深刻影响世界城市发展理论研究和具体实践最
重要的一部开山之作，书中所构想的城市—乡村磁铁模式是国际理论界倡
导城乡良性互动新社会结构形态的最著名、最有影响力的理论。英国是世
界工业化和城市化的先驱，19 世纪正是英国工业化、城市化发展的辉煌时
期，近现代工商业文明的优点和缺点，工业化、城市化给社会带来的方方
面面的影响最早也最全面地在英国展现。身处那样一个时代那样一个世界
中的霍华德敏锐地认识到，城市化在促进物质丰富、文化繁荣和社会进步
方面的作用是巨大的，但这种丰富、繁荣和进步有着昂贵的社会代价——
乡村的衰落、停滞和落后，城市生活和乡村生活两极分化，城市生活越来
越脱离自然环境，且过度消耗资源，与烟尘和拥挤相伴是城市人的生活常
态。这种代价不仅影响着乡村发展，也抑制了城市的发展，必须探求新的
城乡结构形态。

　　霍华德毕其一生探求的新的城乡结构形态及其田园城市的主要思想可
以概括为以下几个方面。

　　1. 构想并倡导城市—乡村磁铁发展方式

　　霍华德的田园城市理论首先倡导的是一种社会改革思想，就是用城乡
一体新社会结构形态取代城乡分离的旧社会结构形态。他认识到把工业和
农业截然分离的产业形式是一种非常普遍的谬误，认为除了城市生活和乡
村生活，人类社会可以有第三种选择。"可以把一切最生动活泼的城市生
活的优点和美丽、愉快的乡村环境和谐地组合在一起。这种生活的现实性
将是一种'磁铁'。"为此他提出了城乡结合的著名论断："城市和乡村必
须结婚，这种愉快的结合将迸发出新的希望、新的生活、新的文明。"霍
华德构想的城市—乡村磁铁具有以下优点："接近田野和公园，拥有自然
美，水和空气清新，拥有宽敞的住宅和花园，无烟尘；有充裕的工作，工
资高、物价低，社会交往方便；低地租、低税收，企业有发展余地，资金

周转快；无贫民窟；自由；合作。"①

2. 构建田园城市的基本原则：有机、均衡、自足

霍华德称他所设想的田园城市是社会城市，而且这样一种社会城市是解决城乡发展主要矛盾和问题的万能钥匙。霍华德社会城市的结构形态和主要内容包括以下几个方面。

（1）若干个田园城市围绕一个中心城市组成一个社会城市。中心城市人口5.8万，周围的若干田园城市每个有3.2万人，彼此之间由农业地带分割，共同组成总人口25万的社会城市。各城市之间由环形的市际铁路、地铁、放射交织的道路或环行市际运河将社会城市连接起来，政治上联盟，文化上相互协作。

（2）在田园城市周围的农业用地上有森林、果园、农学院、大农场、小出租地、自留地、奶牛场、儿童夏令营、疗养院、砖厂、工业学校、聋盲人收容所等。在田园城市外围设有火车站、家具厂、服装厂、制鞋厂、印刷厂、机械厂、果酱厂、煤场、木材石料厂等。一切人们生活所需要的基本产品和服务都尽可能在本地得到满足和解决，其主要意图是：对于工厂主、建筑师、建筑工人、工程师、机械工人等各种从业人员来说，这里可以提供较好的就业环境，对于在此耕地的农民来说，这里为他们的产品开辟一个近在家门口的市场。总之田园城市就是把城市和乡村生活的健康、自然、经济因素组合起来，达到提高各阶层劳动者的健康和舒适水平的意图。②

（3）城市为农田和森林包围，一方面让城市和乡村更好地融合，另一方面从规划建城初期就防止了城市蔓延式扩张；工厂、仓库、牛奶房、市场、煤场、木材厂都布局于城市外围，靠近围绕城市的环形铁路，便于各种货物的运输、装卸、储存，尽可能节省运输包装费用，减少城市道路的交通量，同时也减少道路维护费，减少城市烟尘污染；粮食大面积种植，可

---

① 埃比尼泽·霍华德：《明日的田园城市》，金经元译，商务印书馆，2010，第6~9页。
② 埃比尼泽·霍华德：《明日的田园城市》，金经元译，商务印书馆，2010，第12~14页。

以由农业资本家统管或者由合作机构统管，而蔬菜、水果、花卉需要细致认真的管理，最好由个人或由对某种经营方式、栽培方式或人为环境和自然环境的功效与价值有共同信念的个人组成的小团体来经营。

（4）霍华德不仅提出田园城市的宏伟构想，而且更为重要的是，他从收入支出的角度，对田园城市规划、建设和运营的可行性进行了详细核算和论证，并且这些内容构成了《明日的田园城市》的主要部分。他提出，这样的田园城市必须要由一个代表制的公共的统一权力机构来掌握，这个权力机构有权集中并占有土地，制订城市规划，提供必要的公共服务。

3. 田园城市理论的具体实践及其国际影响

霍华德不仅绘就了田园城市的宏伟蓝图，更难能可贵的是，霍华德还在自己的有生之年，将全部精力用于田园城市的具体实践，成功建设了两个至今仍然充满活力和特色的田园城市——莱奇沃思和韦林。莱奇沃思和韦林成为世界新城镇建设的典范，在当时就影响了英国和印度许多地区的住房和城市建设的布局形式，并且这些城市的成功又使得英国议会在1946年通过了新镇法，计划在伦敦周围和英国其他地方建设一系列新镇，其主要宗旨是合理分布工业和人口，避免城市盲目扩大的弊病。根据霍华德的田园城市原则，到20世纪60年代英国已规划建设了30多个新镇，并带动了世界田园城市运动。同期，瑞典、荷兰、奥地利、澳大利亚、德国、比利时、法国、波兰、西班牙、苏联和美国等国都根据同样原则建设了许多新镇。霍华德的田园城市构想已经成为世界各国城镇建设的理想模式。但受土地所有制、固有城镇格局及资本利益集团等因素的制约，至今世界上真正完全遵循霍华德田园城市思想和理念建设的城镇并不多见。

霍华德的田园城市的规划和理论实质上是一种社会改革，是对资本和市场主导的工业化、城市化发展方式的一种彻底革命。他不仅对城市的总体布局做出了合乎人性全面发展、符合生态文明理念的详细规划和安排，而且也对影响城市发展的各个有机组成部分做出了科学合理的规划和安排。其中，将城市与乡村相结合，形成城乡一体化发展格局的著名论断和实践，无疑是从根本上解决伴随工业化、城镇化而来的种种"城市脑出血"和"乡村瘫痪病"的一剂良药。他的这些理论和思想，远远超过了很多现代城市规划的思想和理念，尤其从今天生态文明发展的理念来看，更加闪耀着人类文明和智慧的光芒。

二 城镇功能定位及田园城市理论的价值

1. 刘易斯·芒福德的《城市发展史》及其对城镇功能的定位

刘易斯·芒福德是美国著名城市理论家、社会哲学家，美国区域规划协会的基本会员，被公认为是世界上伟大的城市科学专家，他注重从政治、经济、社会、文化、宗教、城市规划等多个人文科学的视角研究城市发展史，《城市发展史——起源、演变和前景》就是他详细考察和系统研究西方国家各个时期众多代表性城市发展历史的巨著。这本书中文版的译者宋俊岭先生评价他为"世界上最伟大的城市学家"。

正当世界普遍陶醉在西方工商业文明的现代化进程中的时候，刘易斯·芒福德通过对世界城市发展史深入系统地研究，深刻认识到人类文明和城市发展在历史上屡陷危机，险象环生，尤其在近代，人类技术文明发展到今天，已使城市社会的发展走到了一个岔路口，对此，他将近现代工业文明推动的人类现代化进程恰当而形象地比喻为："一辆巨大的汽车在单向交通的路上以越来越快的速度前进着。不幸的是，这种汽车既无方向盘，也没有刹车，开车人能行施的唯一控制方式只有把汽车开得更快，他对汽车着了迷，也要尽可能地开得快，可是他忘掉了开往的目的地。现代人创造的这种对经济和技术机器束手无策的投降却奇怪地被伪装成进步、自由。"①

正是对我们对当今世界的迫切任务有足够的认识，刘易斯·芒福德系统阐述了城市的起源和发展，从史前城市讲起，对古埃及城市、古希腊城市、古罗马城市，中世纪的基督教、巴洛克的商业城市、近现代的英国和

---

① 刘易斯·芒福德：《城市发展史——起源、演变和前景》，宋俊岭、倪文彦译，中国建筑工业出版社，2005，第570页。

美国的工业城市都进行了分析和批判，为我们揭示了城市发展与文明进步、文化更新换代的联系与规律。他虽然没有到过中国，但对中国的《清明上河图》推崇备至，同时他对我们推崇的古罗马文明进行了尖锐批判，认为罗马的秩序、正义、和平都是建立在野蛮的剥削压迫基础上，并由此建立起寄生性的城市生活，也由此导致了古罗马的衰落。罗马是城市发展失控、从事野蛮剥削及追求物质享乐的可怕典型，他认为我们需要构想一种新的秩序，这种秩序须包括有机界和个人，包括人类的全部功能和任务，只有这样，我们才能为城市发展找到一种新的形式。他提出城市最终的任务是"促进人们自觉参加宇宙和历史的进程"，这与我们中华民族古圣先贤提出人应该"参赞天地之化育"的崇高理想不谋而合。

芒福德对工业文明时代许多的非理性现象提出了尖锐的批判，是全球提倡生态文明思想的先驱者，正是在他的深刻影响下，罗马俱乐部得以创建，可持续发展理念在世界唱响，人类开始进入生态文明的初春时代。他本人选择生活在距离纽约80英里（约128.7公里）以外的一个乡村小镇，在那里度过了54年的岁月，在把乡村和城市优点整合起来的安静俭朴的生活中，为人类创造了巨大的精神财富。

2. 刘易斯·芒福德对田园城市理论的评价

今日来看，芒福德和霍华德无疑是站在世界城市发展理论最高处的两位巨人。霍华德的田园城市构想是指导城市健康持续发展的理论源头，清新、透明、亮丽，生机勃勃，源远流长；芒福德则站在人类文明发展的高峰上，俯瞰波澜壮阔的历史长河，在分析比较了各类城市的兴衰更替之后，充分地认识和深刻领会到田园城市构想对于人类文明发展的重要价值与意义。芒福德对霍华德田园城市的构想和理论推崇备至，并从人类文化健康发展的视角，给予了田园城市理论高度评价。这些评价是芒福德研究历史、思考历史，拥有足够眼力看透当今世界、把握人类城市未来的真知灼见，无疑也是我们今天思考中国城乡如何实现良性互动的理论源泉。

（1）芒福德肯定了霍华德提出的城市发展新形式是可以医治"城市脑出血"和"乡村瘫痪病"的良方。这种新形式就是把城市的所有功能疏散开来，寻求一种城市和乡村稳定持久结合的方式，从而用现代化的技术来消除城市和乡村之间的差别与鸿沟。今天，从工业化、城市化主导的人类现代化进程来看，综观世界各地，不论是发达国家还是发展中国家，也不论是资本主义国家还是社会主义国家，"城市脑出血"和"乡村瘫痪病"已经成为普遍存在且难以医治的世界性顽疾。究其实，这是一个机体的同一种病症，"城市和乡村必须结婚"，无疑是医治人类现代化重症的一剂良方。

（2）芒福德认为霍华德的最大贡献不在于重新塑造了城市的物质形式，而在于发展了这种形式下内在的有机概念，将动态平衡和有机平衡标准引用到城市，就是让城市与乡村在范围更大的生物环境中取得平衡，让城市内部各种各样的功能取得平衡，让城市通过积极主动控制面积、人口、密度等取得平衡。"霍华德寻求把一个大城市在它盲目过度扩展以前所有的优点给予这个新型城市。"这种城市新模式能够克服大城市的无限制扩展和零乱的扩散弥漫，城市单元看得见的部分组成了一个看不见但非常紧密的整体。

（3）芒福德对霍华德田园城市的总体评价：田园城市是"理想城市与实际的结合体，近乎理想，合乎人们需要"，他认为田园城市的重要意义不在于它有花园和绿地，其创新之处在于通过一个组合体对错综复杂情况加以合理有序的处理，而且这个组合体能够实现平衡和自治，能够维持内聚力与和谐。他认为"这是一种有变革能力、能起改革作用的思想和主意"。这应该是霍华德本人当初将其著作命名为《明日：一条通向真正改革的和平道路》真正的用意所在。

霍华德的田园城市思想影响深远，引导了世界性的田园城市运动，但是他的理论和思想并未能阻止世界各地普遍存在的城市病与乡村病。原因何在？霍华德在倡导田园城市思想时就已经洞悉到田园城市构想的落实需要一个与之配套的制度，就是"城市的发展必须由一个代表制的公共权力机构来掌握"。他设想的这个权力机构有权集中并占有土地，有权制订城市规划，最重要的是不能让城市发展最重要的原动力掌握在私人投资者手中。芒福德正是通过多方考察论证，用历史的眼光，对此展开了深刻剖析，最终的结论是他认为霍华德田园城市思想失败的根本原因是"西方文化至今仍被长达 3 个世纪的扩张力量的惯性所推动着：土地扩张、工业扩张、人口扩张；而这些扩张运动发展速度之快使人们对其进行组织和抑制十分困难，即使大家已认识到我们需要更为稳定的生命经济"。[①]

站在巨人的肩上远眺，让我们明确认识到田园城市思想对人类城市和乡村健康发展的重要意义与价值，同时也让我们明确认识到在西方文化及其所产生的工业文明和资本主义制度下，田园城市的理想永远是人类的"明日"。要把田园城市的构想变为人类的"今日"，需要我们对此有足够的认知，并拥有能够进行抉择的智慧和行动。霍华德和芒福德的思想与理念对于我国建设生态文明社会，实施城乡融合发展战略，促进新型城镇化与农业现代化形成良性互动发展局面，具有非常重要的启发和指导意义。

---

① 刘易斯·芒福德：《城市发展史——起源、演变和前景》，宋俊岭、倪文彦译，中国建筑工业出版社，2005，第 526~536 页。

第二章 中国城乡关系的演化历程

城与乡的关系是世界各国现代化进程中必须面对的最基础、最核心的关系之一。在中国，国家关于调整城乡关系的政策在城乡关系发展进程中具有决定性作用，因此，理清中国的城乡关系首先需要从调整城乡关系的政策演化说起。本部分拟从理论逻辑的视角梳理新中国成立 70 余年来城乡关系的演变历程，以期展现国家城乡政策演化与我国城乡发展之间的深层次互动关系。

第一节 城乡关系的自然发展阶段

新中国城乡关系的演化首先是建立在城乡关系的自然发展状态基础上的。20 世纪 40 年代末，中国是一个典型的以农耕文明为基础的传统农业社会，自给自足是其基本特征，城乡关系基本处于刘易斯所称的"二元经济"自然发展状况中。工业化和城镇化自然演进，城乡内部交换大于城乡之间的交换。城市居民的基本生活资料均由国家从农民手中征购再通过国营或集体性质的批发零售渠道获得，其他消费产品和生产资料由自由市场提供。城市工业产品和服务大多在城市内部交换，城市销往农村的主要是食用糖、布料、火柴等极少数产品。农村所需大部分生活资料和生产资料都通过农村家庭手工业自行解决，对城市工业产品依赖很小。农村由于生产技术低下，只能为城市提供少量农副产品，同时，农村对城镇工业产品的需求量也较小。

依靠人民的力量取得革命胜利的中国共产党将营造新型城乡关系作为自

己的历史使命，新中国成立前夕，毛泽东曾经强调："城乡必须兼顾，必须使城市工作和乡村工作，使工人和农民，使工业和农业，紧密地联系起来。决不可以丢掉乡村，仅顾城市，如果这样想，那是完全错误的。"① 新中国成立以后，正是受这一思想指导，国家采取了旨在加强城乡经济联系、缩小城乡差别的方针政策。一是新政权通过土地革命、没收官僚资本、取缔外国资本在华特权以及"三反""五反"运动建立了多种经营方式并存的混合经济形态，这种混合经济包括国营经济、集体经济、私营经济和个体经济。土地革命极大地调动了农民的生产积极性，农业生产迅速恢复发展，全国人民的粮食需求得以保证，工业原料得以增加，人们的购买力迅速提高。二是提高农产品价格，稳定工业品价格，促进城乡关系基本平等、城乡要素自由流动。这一阶段国营经济所占比重较小，国家对经济运行管制和干预力度都比较有限，除少数重要农副产品和工业品外，大部分工业产品和农产品的价格都是市场性的竞争价格。三是实施"一五"计划，开始加快工业化、城市化进程。围绕694项重点建设项目，国家进行大规模工业建设和城市建设。新建6个城市、大规模扩建20个城市、一般扩建74个城市。此时国家对农民的就业没有限制，劳动力等主要生产要素在城乡之间自由流动，城市劳动者的工资由市场力量决定。国民经济迅速恢复为大量农民提供了城市就业机会，农村人口大规模向城市转移，城镇人口比重稳步提高。"1950—1952年，中国城镇人口由5765万人增加到7163万人，城镇化率由10.64%上升到12.46%。"② 这一阶段中国的城乡关系总体上处于一种自然的、平等的状态。

第二节　城乡关系进入"二元"分割阶段

一　中国城乡形成"二元"关系的历史逻辑

长期积贫积弱基础上建立的新中国，百废待兴，迅速改变一穷二白的

---

① 《毛泽东选集》第4卷，人民出版社，1991，第1427页。
② 赵伟：《新中国城乡经济关系演变的历史考察》，《学术评论》2013年第6期，第13～21页。

面貌是中国共产党领导的新政权面临的历史使命。工业化是 19 世纪世界各国实现富国强兵，进入现代化的必由之路，资本原始积累是任何国家或社会进行工业化的必备条件，只要资本绝对稀缺，政府采取亲资本的政策安排就是必然选择。新中国在一般工业和轻工业发展前之所以选择优先发展重工业，是当时的国际政治环境下不得已的选择。发展重工业的一个显著特征就是资本密集和技术密集，而对劳动力形成排斥作用。当时国家进行工业化的资本原始积累几乎为零，为了推进中国的工业化进程，降低国家同小农经济之间的交易成本，国家采取了农村集体化的方式来服务于工业化早期的工业和农业两大部类产业的交换需求。① 围绕解决工业化的原始积累问题而展开的一系列制度安排是中国现代化进程中城乡"二元"关系形成的历史渊源。

二　中国城乡"二元"关系形成的制度安排

在原始资本积累趋零的条件下，从一个农业为主的国家发展到以工业为主的国家，二元经济结构是一个国家必然要经历的阶段。新中国成立不久，为了实施重工业优先发展战略，政府在城乡之间建立起与之相适应的计划管理办法和政策措施，主要包括统购统销、农业集体经营体、城乡户籍管理制度等，从此开启了新中国重工业优先、城市优先的现代化进程。

1. 实施统购统销制度，最大限度提取农业剩余

为最大限度获取农业资源支持工业化，以低价格尽可能多地收购粮食、棉花、油料等农业物资，再对城市居民实行统配统销，"在农村实行征购，在城市实行定量配给，严格管制私商"是这一时期国家处理城乡关系的基本思路。1953 年 10 月中共中央做出《关于实行粮食的计划收购与计划供应的决议》，并于 12 月初开始在全国范围内实施粮食、油料、棉花全部由国家统一收购和统一销售。至 1957 年 8 月，国务院发布《关于由国

---

① 温铁军：《告别百年激进：温铁军演讲录（2004—2014）》（上卷），东方出版社，2016，第 80~82 页。

家计划收购和统一收购的农产品和其他物资不准进入自由市场的规定》，烤烟、木材、重要中药材、水果、水产品等绝大部分农产品都属于统购统销产品。为保证计划的完成，国家统购的不仅仅是农民的剩余产品，而更多的是农民的生活必需品，强制征收往往成为常态，国家与农民关系也常常处于紧张状态。农业的主要功能仅仅限于为工业化提供资金，为城市居民提供廉价农产品。蔡昉、林毅夫 2003 年的研究表明：通过统购统销及工农产品价格剪刀差等制度安排，农业在改革开放前向工业贡献了 6000 亿～8000 亿人民币。[①] 孔祥智的研究表明，新中国成立 60 年来"三农"做出的各种贡献约为 17.3 万亿元。而 1978 年，中国全部国有工业固定资产只有 9600 亿元。[②] 统购统销制度是特殊时代暂时以牺牲农村、牺牲农民利益为代价确保工业化的一种制度安排。

2. 快速推行农业合作化运动，建立人民公社制度

为了与统购统销政策相配套，国家进而在农村推行了农业合作化运动，在短短几年时间内就建立起了人民公社制度。其目的一是降低国家与农户之间的交易成本。为了推进工业化而进行的农业合作化运动，就是用合作化的方式解决政府与海量小农交易的高成本问题，以便低成本从农业提取剩余。1956～1958 年，由初级社到高级社再到人民公社，中国在全国范围内实现了农村所有制从私有制到集体公有制的根本性转变，党和国家领导人原计划用 10～15 年完成的由新民主主义经济过渡到社会主义的总路线在很短时间内加速完成。当时实行人民公社制度的另一个目的是以乡为单位发展土地规模经济，以便接受 1955 年就已经成规模生产的苏式拖拉机，为国家机械工业发展提供必要的市场。1956 年，中国提出了以"集体化＋机械化"为主要内容的农业现代化目标。可见，中国的农业现代化从一开始就是围绕工业化开展的。

3. 实行户籍管理制度，城乡"二元"结构形成并制度化

统购统销、合作化和人民公社制度带有一定的弊端，在一定程度上也

① 蔡昉、林毅夫：《中国经济》，中国财政经济出版社，2003。
② 孔祥智：《新中国成立 70 年来城乡关系的演变》，《教学与研究》2019 年第 8 期。

损害农民利益，引起农民的不满、消极抵抗，甚至人口外流。而以重工业为主的工业化吸收劳动力有限，农村人口外流必然加大城镇就业压力。为此，1957年12月中共中央和国务院联合发布《关于制止农村人口盲目外流的指示》，又于1958年1月通过了《中华人民共和国户口登记条例》，从此以后，"国家以法律形式把人口分为城市户口和农村户口，并严格限制城乡之间的人口迁移"。自此，城乡分割的户籍制度得以建立，农民自由迁移的权力受到极大限制，中国"二元"经济社会结构得以建立并制度化。在户籍制度的严格控制下，农村只能搞农业，农民只能在农村，农村的任务是向城市提供农产品和生产资料，农民种什么、怎么种、产品在哪里出售及出售价格都有明确规定，农民的选择权非常小，农村经营机制不活，生产效率低下成为农村普遍的问题。

4. 以户籍制度为基础，建立城乡分立的社会保障制度

以户籍制度为基础，国家在城市实行福利性社会保障制度，城市职工实行低工资，政府为城市居民提供了几乎囊括从"摇篮到坟墓"的保障福利，这种制度安排客观上保证了中国工业化的低成本，另外以低工资抑制消费，最大限度地为工业化提供积累。同时，国家也为农村地区提供了覆盖范围较广泛的一系列保障制度，包括农村合作医疗和三级卫生体系、落实到村的义务教育体系、"五保"制度、灾害救济和贫困救助体系等，但是农村地区的福利水平标准较低，大部分通过人民公社及生产队等集体实施。这一阶段也是新中国成立以来城乡发展差距较小，城乡医疗、教育等公共服务相对均衡发展的一个时期。

统购统销、人民公社、户籍管理三项制度互为支撑，共同构筑了这一时期中国城市与乡村之间的基本关系。今天来看，这种城乡二元结构的制度安排不仅是国家基于特定历史条件和发展战略目标的主动选择，而且在确保中国现代化建设起步乃至在腾飞过程中发挥了重要作用，正是这一制度的保障，才奠定了中国工业化、城市化的基础，也正是这一制度，造成了中国城乡关系的严重分割和偏斜，直接导致农村地区发展能力的严重不足，城镇化进程严重滞后甚至停滞。到20世纪70年代后期，全国29个省、区、市中只有 3 个省能够调出粮食，这一制度的净收益已经趋于零或负数。1978 年，中国城乡实际收入比达到 3∶1。1950～1980 年，世界城市人口比重由 28.4% 上升到 41.3%，而同期中国仅由 11.2% 上升到 19.4%[①]。

第三节　城乡关系趋于缓和阶段

20 世纪 70 年代后期，"文化大革命"结束，1978 年召开的党的十一届三中全会拨乱反正，将党和国家的中心任务转移到经济建设上来，实行了 20 多年的计划体制开始松动，市场化改革进程拉开序幕，国家通过向农民赋权和推动市场化改革的方式，逐步打破城乡二元经济体制，在此过程中城乡关系开始向好的方向发展。

一　家庭联产承包责任制的实行

党的十一届三中全会后，安徽凤阳小岗村 18 户村民冒险带头实行包产到户大获成功，并于 1981 年 11 月得到中央农村工作会议的确认，会议指出包产到户、包干到户是社会主义集体经济的生产责任制，并要求在全国推广。在中央和基层农民的双重推动下，到 1983 年春，全国 95% 的农村都实现了"双包"。1983 年 10 月，中共中央、国务院联合发文，要求在 1984 年年底之前取消人民公社，成立乡政府，明确指出村民委员会为自治组织，这是改革开放以后国家调整城乡关系的重要环节。1991 年 11 月，《中共中央关于进一步加强农业和农村工作的决定》把包产到户责任制正式表述为"统分结合的双层经营体制"，并写入 1999 年修改的宪法。[②] 从今天来看，统分结合的双层经营体制彻底将农民从僵化停滞的人民公社体制中解放出来，重新确立了家庭经营在农业生产中的主体地位，还农村经济自主权于农民和农村社区，彻底激活了农村经济活动的内部激励机制。

---

① 许涤新主编《当代中国的人口》，中国社会科学出版社，1988，第 294～295 页。
② 孔祥智：《新中国成立 70 年来城乡关系的演变》，《教学与研究》2019 年第 8 期，第 8～9 页。

二 农产品管制放松，市场化改革起步

1981 年，国家放松对农副产品统购统销的管制，至 1985 年 1 月起国家实行合同订购和市场收购，同时国家提高农产品收购价格，订购以外的粮食、棉花、生猪等农副产品都可以自由出售，价格随行就市，从此我国长期存在的工农产品"剪刀差"问题开始缓解，政府通过这些"让利"举措形成外部激励机制。1978～1984 年，全国农业发展进入"黄金增长期"，农业总产值年均增长 11.8%。全社会农产品短缺问题迅速解决，1984 年甚至还出现"卖粮难"现象。至 1993 年，全国农产品市场全面放开，农民自行根据市场需求安排生产。

三 乡镇企业异军突起

统分结合的双层经营体制和农产品市场化改革的实施，大大提高了农民的生产积极性，农业生产效率大幅度提高，农业劳动力过剩问题开始显现。到 20 世纪 80 年代中期，农村剩余劳动力的比重在 30%～40%。①改革开放初期，由于城乡二元体制的存在，在农民进城就业的制度障碍和制度环境还没有改变的情况下，农村剩余劳动力迫切需要寻找就业机会。1981 年，国务院明确要求："大力发展农村经济，引导农村多余劳动力在乡村搞多种经营，不要往城里挤。同时，要采取有效措施，严格控制农村劳动力进城做工和农业人口转为非农人口。"正是在这种形势下，全国各地特别是东南沿海地区的农民充分利用价格双轨制、轻工产品普遍短缺时代提供的历史性机遇，通过"离土不离乡、进厂不进城"的方式，率先带头推动了全国乡镇企业异军突起，实现了农村剩余劳动力在农村内部的非农化转移。1984～1988 年是乡镇企业突飞猛进增长时期：至 1988 年，全国乡镇企业数量由 1983 年的 134.64 万家发展到 1888.16 万家；乡镇企业

---

① 中国农村发展问题研究组（白南生执笔）：《试析农村劳力和资金的状况及使用方向》，《农业经济丛刊》1982 年第 2 期。

总产值由 1983 年的 1016.83 亿元增长到 64951.66 亿元，年平均增长率为 129.65；乡镇企业从业人员由 1983 年的 3234.64 万人发展壮大到 9545.45 万人，几乎占到农村全部劳动力的 1/4。① 在改革开放初期，中国农村土地制度等改革措施激发出的活力，犹如火山爆发，以乡镇企业这样一种发展方式呈现出来。

四　打破城乡分割格局，开启农村城镇化新途径

乡镇企业的异军突起促进了农村产业的非农化、工业化发展，带动了农村经济的繁荣兴盛，在中国 20 世纪八九十年代城乡人口流动受限的大背景下，小城镇成为吸收农村剩余劳动力的主阵地，推动了农村的城镇化进程，以乡镇企业为主的市场化力量首次成为推动中国城镇化的主要力量，并在很大程度上打破了长期处于分割局面的城乡互动关系，中国城乡关系因农村经济的市场化改革而首次走向融合，加快了中国的城镇化进程。1980 年国家就提出控制大城市规模，积极发展中等城市和小城市的城市化方针。从 1984 年起，中国城镇化步入正常发展轨道。到 1988 年，中国城市数量达到 434 个，与 1983 年相比，增加了 163 个，平均每年增加 33 个；建制镇达到 10509 个，与 1983 年相比，增加了 7728 个，平均每年增加 1546 个。

在这一时期，农民收入持续快速增长，城乡收入差距不断缩小，城乡不平等关系得到逐步纠正并趋于缓和。"1981—1985 年，中国城乡居民收入比从 2.05∶1 下降到 1.71∶1。这一时期被认为是新中国建立以来工农关系、城乡关系发展最好的时期，也是全国经济状况改善最快、人民生活最好的一个时期。"②

第四节　城乡关系再次失衡阶段

20 世纪 80 年代初是中国农村发展的黄金期，在此之后，受城市改革

---

① 邢祖礼等：《新中国 70 年城乡关系演变及其启示》，《改革》2019 年第 6 期，第 22～23 页。
② 邢祖礼等：《新中国 70 年城乡关系演变及其启示》，《改革》2019 年第 6 期，第 22～23 页。

的兴起、国家对乡镇企业的治理整顿、"分灶吃饭"财政体制的实行、整个国民经济市场化进程加快以及农村改革的停滞等众多因素影响，劳动力、土地和资本三要素开始从农村单向大量流入城市，中国城乡关系再度陷入分离失衡状态。

一 城市改革全面启动，农村劳动力大批转移

农村改革带来的巨大成功坚定了中国政府走改革开放之路的决心和勇气。1984 年中央做出《关于经济体制改革的决定》，目的主要是重构国民经济运行的微观基础。该决定明确指出：加快以城市为重点的整个经济体制改革的步伐。改革的中心环节是增强企业活力，将企业改造成为自主经营、自负盈亏的微观经济主体。自此之后，中央围绕激发国有企业活力展开了一系列的城市改革，主要包括计划管理体制、商品流通体制、财政投资体制、金融体制、科技教育体制、住房公积金体制等。一系列的城市改革，整体上极大地激活了经济运行的活力和潜力，中国经济开始步入发展快车道，城市劳动者的收入开始大幅度提高，城市的吸引力大大提升，全国各地的农村劳动力开始大规模跨区域流向城市制造业和服务业，形成举世瞩目的"民工潮"。国务院发展研究中心、国家统计局、农业部相关研究表明，这一时期外出务工农民工的数量变化情况如下：1983 年为 200 万人；1989 年为 3000 万人；1993 年为 6200 万人；2000 年为 7550 万人；到 2007 年，外出务工农民工达到 13697 万人，占当年城镇从业人员的 46.7%。在我国劳动力进行永久性迁移还受到诸多限制的时代背景下，大规模农村劳动力向城镇转移的方式主要以短期、单身迁移为主。农村向城市输入大量劳动力支持了城市经济的繁荣和发展，但农村劳动力转移的巨大经济和社会成本与风险绝大部分由农村和农民自己承担：大量土地抛荒、土地生产力下降、农村空心化、留守儿童留守老人问题、夫妻分居问题、大量农村光棍问题等，"三农"问题开始凸显，中国城乡关系再次陷入分离失衡状态。

二　"城市偏好"政策大行其道，资金土地大量流向城市

1978 年开启的中国改革开放进程，其最显著的本质特征就是市场化进程的不断深化。而市场化的本质属性就是讲求效率第一，也就是资本收益第一。农村、农业天然的属性显然不可能让它成为市场和资本偏好的地域和产业，工商业及其所在的舞台——城市就成为市场和资本天然的偏好。随着中国改革开放进程的不断深入，中国的市场化、工业化、城镇化进程也在大踏步向纵深推进，各类制度性和非制度性的城市偏好举措和行为大行其道，在此阶段，国家经济建设的重心在城市，在不可抗拒市场经济力量的推动下，劳动力、资本、土地等农村最重要的生产要素持续地、大规模地流向城市。

1994 年国家实行分税制改革，中央和地方"分灶吃饭"，这一制度极大地激发了地方发展经济的积极性和主动性，追求 GDP 不断增长成为全社会发展的核心动力。相比农业的弱质性且需求弹性小，城市工商业更容易带来 GDP 及地方财政收入的增长，所以全国各地政府纷纷创造条件，鼓励企业大力发展工商业。不仅如此，地方政府的财政政策也是偏向城市的。在地方政府的财政支出中，相比教育、医疗、农村基础设施等支出其更是偏向于投资性的能够改善城市环境、有利于招商引资的城市公共基础设施建设。

在此，需要特别指出的是，东部沿海地区作为国家改革开放先行先试地区，率先享受国家区域发展倾斜政策，并凭借其发展市场经济的区位优势，以中部、西部难以望其项背的竞争优势，在招商引资等方面占尽先机，率先发展起来。从此，以城市为核心的地方竞争性经济开始占据中国经济发展的主导地位，中国经济发展呈现出前所未有的活力，也是从此，中国的城乡差距、区域差距、地区差距逐渐拉大，城乡之间、东部地区与西北地区之间发展的不平衡问题日益突出。

三　农业投资持续下降，城乡福利差距扩大

这一时期，国家财政对农业的投资比重总体上呈持续下降趋势。

1978～1996 年国家财政对农业的支出比重从 13.43% 下降到 8.82%，甚至低于改革开放之前 10% 左右的水平。[①] 农村投入的持续下降导致农村水利等基础设施建设几乎处于停滞状况，多年来农业投资的欠账问题在 1998 年特大洪水灾害来临之际在一些地区充分暴露。农村投入持续下降的另一个后果就是城乡福利差距的持续扩大。1991 年至 1998 年，城市居民平均福利支出由 554 元提高到 1462 元，农村居民平均福利支出仅仅由 5.1 元提高到 11.2 元。[②]

四　农村资金大量流向城市，农村地区逐渐被"掏空"

改革开放之后，市场化进程的深入推进虽然使农民获得生产经营和外出务工的自由，同时也积累了一定的资金收入，这些存入农村金融机构的资金本应该投入农业和农村，但是在市场化、工业化、城镇化大趋势下，城市投资效益高于农村，沿海地区投资效益高于内陆地区，因此在存贷差巨大利润的诱使下，大量农村金融机构和信用社撤出农村，导致数以万亿元的农村资金流向城市，仅以 2001 年为例，国有商业银行以吸收存款的方式从农村抽取资金达到 3000 亿元[③]，农村地区陷入逐渐被"掏空"的境地。

五　农村税费使农民不堪重负，城乡收入差距再回改革开放原点

改革开放以后，由于城乡公共服务投入体制继续延续改革以前的体制，国家财政对农村的公共服务供给基本消失，农村公共事务的正常运转主要依靠基层政府对农民的各种收费、集资、摊派及计划生育罚款等维系。国家统计局数据显示，1986～1990 年，全国农民共上交提留和统筹 881 亿元，比 1981～1985 年多了 414.8 亿元，年均增长 20.1%。改革开放

---

①　张海鹏：《中国城乡关系演变 70 年：从分割到融合》，《中国农村经济》2019 年第 3 期。
②　张海鹏：《中国城乡关系演变 70 年：从分割到融合》，《中国农村经济》2019 年第 3 期。
③　张海鹏：《中国城乡关系演变 70 年：从分割到融合》，《中国农村经济》2019 年第 3 期。

给农民带来收入持续增长的好景不长，至 1999 年，中国城乡收入比达到 2.65∶1，几乎回到了改革开放初期的水平。20 世纪 80 年代中期至 2000 年，是农民负担最重的一个时期。刚刚缓和趋于协调的城乡关系再次失衡，至 2005 年中国城乡收入比达到 3.22∶1。[①]

从以上分析可以清楚地认识到，新中国成立至 2005 年，中国城乡关系基本上遵循着农村支援城市的单向关系，其中的原因不论是制度惯性也好，还是发展的客观条件限制也好，总之，在国家的现代化进程中，农村一直处于牺牲奉献的一方。天长日久，日积月累，中国城乡发展的矛盾和问题最终突出表现为"农民真苦，农业真穷，农村真危险"的"三农"问题。"三农"问题直接影响国民经济的健康运行和发展，甚至从根本上动摇了社会主义国家的性质。至此，遏制和改变不平衡的城乡关系成为中国面临的核心发展问题，城市必须"反哺"农村，开始提上国家议事日程。

第五节　城乡一体化建设阶段

21 世纪初，经过长期持续高速发展的中国经济，工业化、城镇化、市场化深入推进，综合实力显著增强，国民经济整体上业已具备工业反哺农业、城市反哺农村的客观条件。正视城乡发展矛盾，着手对城乡发展关系进行重大调整，成为党和国家面临的头等紧迫任务。2002 年，党的十六大报告明确提出"统筹城乡经济社会发展，建设现代农业，发展农村经济，增加农民收入，是全面建设小康社会的重大任务"，首次提出以城乡统筹的方式作为调整中国城乡关系的基本方针；2005 年，党的十六届五中全会确定"扎实稳步推进社会主义新农村建设"的重大历史任务；2006 年 1 月 1 日起废止《中华人民共和国农业税条例》，结束了农民种地纳税的历史；2007 年，党的十七大报告提出"建立以工促农、以城带乡长效机制，形成城乡经济社会发展一体化新格局"，城乡一体化理念被首次提出；2012 年，

---

① 邢祖礼等：《新中国 170 年城乡关系、演变及其启示》，《改革》2019 年第 6 期。

李克强总理特别强调"以人为核心的"新型城镇化，提出发挥好新型城镇化辐射带动农业现代化，农业现代化支撑新型城镇化作用，促进新型城镇化与农业现代化相辅相成，为精准破解中国城乡矛盾指明了方向。自此，党和国家处理城乡发展问题的执政理念发生了根本性转变，国家对农业农村政策开始由"取"向"予"转变，中国进入了构建城乡协调发展体制机制的新的历史时期。

一 户籍管理制度改革推动农村劳动力大规模向城镇转移

2001 年，国务院批转公安部《关于推进小城镇户籍管理制度改革的意见》，提出在全国范围内放开小城镇落户政策，各地纷纷响应出台改革方案，进行户籍制度改革。同一时期，非公经济的发展，城市就业制度、社会保障制度、福利制度、住房分配制度以及医疗制度的改革，逐渐为大量农村劳动力向城镇转移提供了就业机会和制度环境。从 21 世纪初开始，在制度约束越来越松、制度激励越来越大的背景下，全国各地，无论是发达地区还是欠发达地区，越来越多的农村劳动力进入非农领域，大规模向城镇转移，农村劳动力在劳动力总数中所占比重显著下降，农民工在城镇就业的比重显著提高。第五次人口普查资料显示，全国农民工在第二、第三产业从业人员中的比重分别是 58%、52%，在加工制造业和建筑业中的比重分别是 68%、80%，农民工数量超过城镇产业工人数量，农民工已经成为支撑中国工业化发展的重要力量。继而，随着农村劳动力不断转移，"民工荒"问题出现，劳动力市场化供求关系发生了根本性变化，最终带来农民工工资的普遍上涨，出现了城乡之间、地区之间工资趋同状况，从而也就在客观上推动了中国劳动力市场的一体化加快发展。但是由于户籍制度特别是大城市户籍制度的限制，对农民工在行业进入和职业获得等方面还存在歧视性的显规则或潜规则，城乡劳动力市场一体化进程还是进行时。

二 农业农村的直接投入力度不断加大

政府通过直接加大对农业农村的投入力度，改善长期落后的农村面貌，是这一时期中国调整城乡关系政策的基本取向，也是这一时期最显著的特征。最有标志性的政策举措就是 2006 年国家全面取消农业税，并同时铲除了基层政府附加在农业税上的各种摊派、搭便车收费的根基和平台，大幅度减轻了农民负担。取消农业税之前，各级政府通过农业税、牧业税、农业特产税和"三提""五统"及各种摊派等每年从农民手中收取1500 亿～1600 亿元。在此基础上国家实施一系列农业支持保护政策，初步形成了比较完整的支农政策体系。主要包括农产品价格支持政策：包含粮食直补、良种补贴、农机具购置补贴和农业生产资料价格综合补贴的"四项补贴"政策；农业基础建设补贴政策；退耕还林及生态效益补偿政策。其中"四项补贴"资金总额从 2002 年的 1 亿元加大到 2012 年的 1653 亿元，累计补贴资金达到 7631 亿元。2003 年中央财政投入"三农"资金为2144 亿元，2006 ～ 2012 年，中央财政投入"三农"的资金分别达到3517.2 亿元、4318.3 亿元、5955.5 亿元、7253.1 亿元、8579.7 亿元、10408.6 亿元、12286.6 亿元。2003 ～ 2012 年，中央财政投入"三农"资金的年均增长率达到 21.5%，9 年间财政支农资金增长了 4.7 倍。[①]

三　全面提高公共财政对农村公共服务供给水平，各项惠农政策陆续出台

一是推动社会主义新农村建设。2005 年，《中共中央关于制定国民经济和社会发展第十一个五年规划的建议》提出，要按照"生产发展、生活宽裕、乡风文明、村容整治、管理民主"的要求，扎实稳步地推进社会主义新农村建设。此后每年的中央"一号文件"都对新农村建设的具体实施进行详细安排。

二是全面有序提升农村公共服务水平，特别是教育医疗等。这些方面的政策内容可以从每年的中央"一号文件"中得以反映。2005 年，提出新增教育、卫生、文化等事业经费主要用于农村，并且规定用于县以下的比

---

① 张海鹏：《中国城乡关系演变 70 年：从分割到融合》，《中国农村经济》2019 年第 3 期。

例不得低于70%；2006年再次提出，将农村义务教育、卫生、文化事业作为重点加快发展；2007年提出，全部免除农村义务教育阶段学杂费，对困难家庭学生免费提供教科书，补助寄宿生活费。提出建立农村干部、教师、医生、农技推广人员等与农业农村生产生活相关服务人员的培训制度，提高农村公共服务水平。2009年提出，建立稳定的农村文化投入保障机制，增加农村办学公用经费，提高寄宿生补助标准；2010年提出，实施中小学校舍安全工程，逐步改善贫困地区农村学生营养状况；2012年提出，加强教育科技培训，全面造就新型农业农村人才队伍，实施卓越农林教育培养计划，提高涉农学科学生拨款标准，加大高等学校对农村特别是贫困地区的定向招生力度，深入推进大学生"村官"计划，广泛开展基层农技推广人员分层分类定期培训，加大各类农村人才培养计划实施力度；2013年提出，加快实现城乡基本公共服务均等化，加大公共财政对农村基础设施建设的覆盖力度，提出"十二五"期间基本解决农村饮水安全问题，完善农村中小学校舍改造长效机制，改善办学条件，方便农村学生就近上学。设立专项资金，对连片特困地区乡、村学校和教学点工作的教师给予生活补贴，提高新型农村合作医疗政府补助标准，加强农村最低生活保障的规范管理。2014年提出，加快改善农村义务教育薄弱学校基本办学条件，适当提高农村义务教育生均公用经费标准，推动县乡公共文化体育设施和服务标准化建设，实施中西部全科医生特岗计划，实施村内道路硬化工程等。2015年提出，提高农村学校教学质量，因地制宜保留并办好村小学和教学点，支持乡村两级公办和普惠性民办幼儿园，大力培养新型职业农民。2016年提出，加快补齐农业农村短板，促进城乡公共资源均衡配置、城乡要素平等交换，稳步提高城乡基本公共服务均等化水平，把社会事业发展的重点放在农村和接纳农业转移人口较多的城镇，加快推动城镇公共服务向农村延伸。加快普及高中阶段教育，逐步分类推进中等职业教育免除学杂费，加强乡村教师队伍建设，推动城镇优秀教师向乡村学校流动。2017年提出，深入开展农村人居环境治理和美丽乡村建设，推进农村生活垃圾治理专项行动，大力支持农村环境集中连片综合治理和"厕所革命"。提升农村基本公共服务水平，全面落实城乡统一、重在农村的义务教育经费保障机制。

四　逐步建立和完善农村三大社会保障制度

一是新型农村合作医疗制度。2002 年国家提出逐步建立新型农村合作医疗制度（简称"新农合"），要求到 2010 年，在全国农村基本建立起农村卫生服务体系和农村合作医疗制度。国家卫生计生委发布的新农合进展情况显示，至 2013 年，全国参加新农合人数为 8.02 亿人，参合率达到99%。2016 年，国务院要求推进城镇居民医保和"新农合"制度整合，建立统一的城乡居民医保制度。至 2018 年，参加全国基本医疗保险的人数达到 13.4 亿人，参保率稳定在 95%以上，基本实现人员全覆盖。

二是新型农村社会养老保险制度。2009 年，国务院颁布《关于开展新型农村社会养老保险试点的指导意见》，提出在 2020 年之前实现农村适龄居民的全覆盖。2014 年，国务院提出在 2020 年之前建立"新农保"与"城居保"合并实施的城乡居民基本养老保险制度，表明中国养老保险制度至少在国家政策层面步入了城乡一体化进程。

三是农村最低生活保障制度。2007 年，国家决定在全国范围内对符合标准的农村人口给予最低生活保障，标准是 70 元/（人·月），当年年底就基本覆盖到所有县，到 2017 年，低保标准又提高到 358 元/（人·月）。而且各地可以根据经济发展状况自行调整低保标准。

总体来说，这一时期是中国城乡关系发生历史性根本转变的重要时期，城乡统筹、城乡一体化战略思想确立并加快实施，城乡统一的政策和制度体系初步形成，长期牺牲农村、取利于农的政策方针转变为"反哺"农业农村的政策措施，公共财政支持农业农村的幅度大大提高，农村基本社会保障制度得以初步建立。这一时期也是新中国成立以来城乡关系得到实质性改善、农民得到实惠比较大的一个时期。从 2004 年开始，农民收入进入高速增长阶段，2010 年后，农民收入增长速度开始持续超过城镇居民，城乡收入比由 2007 年峰值的 3.14∶1 下降到 2017 年的 2.17∶1。①

　　尽管这一时期中国城乡关系的协调性得到了实质性改善，但是通过以上政策措施不难发现，这一时期中国调整城乡关系的前提和思路仍然延续着城乡二元分立的制度设计，户籍身份仍然是城乡居民享受各种公共服务的基本参照，城市和乡村除收入差距外，各种公共服务、生活环境等其他方面的实际差距依然很大。影响城乡关系协调发展的各种问题和矛盾依然很多：城乡二元结构矛盾依然尖锐，城乡户籍制度改革亟待深化，城乡要素双向流动机制亟须建立，乡村日益衰落趋势亟须根本扭转。

第六节　城乡融合发展阶段

　　2011 年中国城镇化率突破 50%，达到 51.3%，人均 GDP 超过 5000 美元大关，中国业已具备重塑新型城乡关系的基本条件。2012 年，党的十八大明确提出，农业农民问题是全党工作的重中之重，解决"三农"的根本途径是城乡发展一体化；2013 年，党的十八届三中全会明确指出，城乡二元结构是制约城乡发展一体化的主要障碍。必须健全体制机制，形成以工促农、以城带乡、工农互惠、城乡一体的新型城乡关系，让广大农民平等参与现代化进程、共同分享现代化成果。2017 年，党的十九大报告明确指出，中国社会的主要矛盾已转化为人民日益增长的美好生活需要和不平衡不充分的发展之间的矛盾，标志中国特色社会主义进入了新时代，城乡协调发展问题成为影响中国现代化成败的关键问题，重塑新时代的城乡关系上升为国家层面的重大战略问题，并正式提出把中国的城乡关系从统筹发展、一体化发展推进到融合发展阶段，明确了城乡融合发展的途径就是坚持农业农村优先发展，实施乡村振兴战略。2018 年《乡村振兴战略规划（2018—2022 年）》出台。2019 年 4 月，国家发布《关于建立健全城乡融

---

　　① 魏后凯、刘长全：《中国农村改革的基本脉络、经验与展望》，《经济研究参考》2019 年第 8 期。

合发展体制机制和政策体系的意见》，明确提出城乡融合发展的三个阶段性目标：到 2022 年，城乡融合发展体制机制初步建立；到 2035 年，城乡融合发展体制机制更加完善；到 21 世纪中叶，城乡融合发展机制成熟定型。城乡融合发展战略的提出和实施，标志着中国真正进入全面彻底解决城乡发展不协调、不平衡问题的历史新时期。

一 继续加大对农业农村的投资规模

2012 年以来，在中国经济进入新常态、公共财政收入增长受限的情况下，国家继续保持对农业农村投入的增长趋势。2013～2017 年，农林水务支出总额由 3.9 万亿元增加到 7.9 万亿元，占一般公共预算支出的 10.45%，仍然比 2008～2012 年的支出比重提高了 0.25 个百分点。[①]

二 开启新一轮户籍制度改革

2012 年以来，国家进一步加快户籍制度改革，有序推进农民工市民化，努力实现城镇基本公共服务常住人口全覆盖。2014 年，国家颁布《关于进一步推进户籍制度改革的意见》，开启了新一轮户籍制度改革的进程。2016 年，国家又提出加快建立农业转移人口市民化激励机制，明确指出除极少数超大城市外，全面放宽农业转移人口落户政策。2018 年，中国户籍人口城镇化率由 2012 年的 35.3% 迅速提高到 43.37%。

三 构建基本公共服务城乡一体化体系进入快车道

从 2014 年国家提出建立城乡统一的基本养老保险制度后，到 2018 年，全国从制度上基本实现了养老保险的城乡统筹。2016 年，国家提出推进城镇居民医保和"新农合"制度整合。到 2018 年，全国所有省份城乡居民统一的医疗保障制度基本建立起来。2015 年，国家发文要求建立城乡统

[①] 张海鹏：《中国城乡关系演变 70 年：从分割到融合》，《中国农村经济》2019 年第 3 期，第 10～11 页。

一、重在农村的义务教育经费保障机制,到 2017 年,根据国家督导评估,全国 81% 的县的城乡义务教育已经实现均衡发展。截至 2019 年,中国已经从制度上基本实现了养老保险、医疗保险和义务教育的城乡统筹。

四　扶贫攻坚战取得全面胜利

党的十八大以来,中国把脱贫攻坚摆到治国理政的突出位置,2015 年习近平总书记提出实施"精准扶贫"方略,2016 年中国向联合国承诺"确保到 2020 年所有贫困地区和贫困人口一道迈入全面小康社会"。围绕脱贫攻坚,国家做出一系列重大部署和安排,全面打响脱贫攻坚战,大力推进精准扶贫、精准脱贫。这一时期中国扶贫攻坚力度之大、规模之广、影响之深,前所未有,成功走出一条中国特色扶贫开发道路,创造了人类扶贫史上的最好成绩。到 2020 年,我国脱贫攻坚战取得全面胜利,先行标准下 9899 万农村贫困人口全部脱贫,832 个贫困县全部摘帽,12.8 万个贫困村全部出列,完成了消除绝对贫困的艰巨任务,创造了彪炳史册的人间奇迹。

五　实施"乡村振兴战略",中国开始真正走向城乡协调发展的新时代

党的十九大提出乡村振兴战略,其基本目标是让农民成为有吸引力的职业,让农村成为安居乐业的美丽家园。乡村振兴战略的提出和实施意味着中国城乡关系真正进入了历史新时期。国家《乡村振兴战略规划(2018—2022 年)》明确了乡村振兴战略的目标任务:到 2020 年,乡村振兴的制度框架和政策体系基本形成;到 2035 年,乡村振兴取得决定性进展,农业农村现代化基本实现;到 2050 年,乡村全面振兴,农业强、农村美、农民富全面实现。

回顾新中国成立 70 余年来的城乡关系演化历史,让我们清醒地认识到国家战略和政策取向深刻影响着城乡关系的演化,深刻影响着城乡关系的协调和平衡。70 余年城乡关系演化的历史,是中国城乡关系从一元,走向

二元分割，城乡关系失衡，城乡矛盾激化，再走向重新调整和构建新型城乡关系——城乡统筹、城乡一体再到城乡融合的历史。在这一进程中，中国实现了工业化，并且已经成为世界第一制造业大国；中国也完成了由一个农业人口占主体的国家向城镇人口占主体的国家的历史性转变，2019年年底，中国城镇化率已经突破60%。中国能够在很短的时期内实现工业化和城镇化，这在很大程度上有赖于城乡二元结构体制的建立。但是，我们也为此付出了沉重的代价：生态环境的污染与破坏、资源的过度消耗，尤其严重的是资金、劳动力、土地等基本要素大规模从农村单向流入城市而导致的"三农"问题。回顾历史，厘清城乡关系的发展脉络，以史为鉴，以知得失。在中国将城乡融合发展和实施乡村振兴作为国家战略，致力于重塑新型城乡关系的关键历史时期，深入探讨如何让城乡关系从分割、分离、分化走向统筹、一体、融合，进而走向相辅相成的良性互动进程，也就是如何实现"城市与乡村结婚"的目的，破解这些难题尤为重要，也是本书探讨的中心和重心。

第三章　西北地区城镇化与农业现代化的基本状况

整体上把握西北地区城镇化和农业现代化发展的基本状况是研究西北地区城乡互动状况和互动关系的基本前提。本章主要依据西北五省（区）2010 年至 2020 年的统计数据资料（个别数据只到 2018 年），分析五省（区）城镇化和农业发展的基本状况，以期让本书研究建立在西北地区真实的、基本的发展状况基础之上。

第一节　西北五省（区）城镇发展的基本状况

一　西北五省（区）城镇化水平与发展趋势

1. 城镇常住人口在全国的比重

进入 21 世纪，乘着中国城镇化平稳快速发展的东风，西北五省（区）的城镇化进程在快车道上继续平稳推进。2010 年年末，西北五省（区）常住人口为 9672.99 万人，占全国人口的比重为 7.21%；到 2020 年，西北五省（区）年末常住人口增加到 10359.65 万人，占全国人口的比重为 7.34%，较 2010年提高了 0.13 个百分点。与此同时，2010 年年末，西北五省（区）城镇常住人口为 4125.51 万人，占全国城镇人口的比重为 6.16%；到 2020 年，西北五省（区）城镇常住人口达到 6072.33 万人，占全国城镇人口的比重为 6.73%，较2010年提高了0.57个百分点。这说明,西北五省(区)城镇常住人口比重的提高幅度高于其年末常住人口比重的提高幅度,西北地区整体城镇化水平在稳步提升,如表3-1、表3-2所示。

表3-1　2010~2020年西北各省(区)年末常住人口

单位:万人,%

年份	全国	陕西	甘肃	青海	宁夏	新疆	西北五省(区)年末常住人口占全国总人口的比重
2010	134091	3735	2559.98	563.47	632.96	2181.58	7.21
2011	134916	3765	2551.73	568.15	647.95	2225.00	7.23
2012	135922	3787	2550.15	570.77	659.13	2253.00	7.22
2013	136726	3804	2537.13	571.15	666.37	2285.00	7.21
2014	137646	3827	2531.08	575.83	678.12	2325.00	7.22
2015	138326	3846	2523.18	576.86	683.56	2385.00	7.24
2016	139232	3874	2520.10	581.88	694.61	2428.00	7.25
2017	140011	3904	2522.07	586.49	705.08	2480.00	7.28
2018	140541	3931	2515.08	587.32	709.54	2520.00	7.30
2019	141008	3944	2509.02	590.44	716.93	2559.00	7.32
2020	141212	3955	2501.02	592.70	720.93	2590.00	7.34

数据来源:2011~2021年国家统计年鉴及西北五省(区)统计年鉴。

表3-2　2010~2020年西北各省(区)年末城镇常住人口

单位:万人,%

年份	全国	陕西	甘肃	青海	宁夏	新疆	西北五省(区)年末城镇常住人口占全国城镇总人口的比重
2010	66978	1707	924.66	251.98	303.57	938.30	6.16
2011	69927	1783	950.52	264.36	325.27	972.99	6.14
2012	72175	1883	988.95	273.11	337.14	996.28	6.21
2013	74502	1962	1027.54	281.52	352.11	1026.88	6.24
2014	76738	2029	1070.14	292.75	371.74	1087.87	6.32
2015	79302	2105	1116.26	298.06	389.49	1163.40	6.40
2016	81924	2185	1161.01	311.60	408.02	1224.20	6.46
2017	84343	2267	1213.62	325.21	429.75	1287.12	6.55
2018	86433	2345	1249.74	336.36	440.98	1361.05	6.63
2019	88426	2417	1272.07	347.06	456.18	1420.50	6.69
2020	90220	2478	1306.28	355.62	468.30	1464.13	6.73

数据来源:2011~2021年国家统计年鉴及西北五省(区)统计年鉴。

2. 城镇化水平与全国平均水平的差距

2020 年，西北五省（区）城镇化率达到 58.62%，较 2010 年提高了 15.97 个百分点。其中，陕西、甘肃、青海、宁夏、新疆各省（区）的城镇化率分别达到 62.66%、52.23%、60.00%、64.96%、56.53%，分别比 2010 年提高了 16.96 个、16.11 个、15.28 个、17 个和 13.52 个百分点，除新疆外提高幅度均高于全国平均水平。但是西北五省（区）城镇化总体水平与全国平均水平依然存在差距，2020 年五省（区）城镇化率低于全国平均水平 5.27 个百分点，其中城镇化率最低的甘肃省与全国平均水平相差 11.66 个百分点（见表 3 - 3）。

表 3 - 3　2010～2020 年西北各省（区）城镇化率

单位：%

年份	全国	陕西	甘肃	青海	宁夏	新疆	五省（区）平均城镇化率
2010	49.95	45.70	36.12	44.72	47.96	43.01	42.65
2011	51.83	47.35	37.25	46.53	50.20	43.73	44.03
2012	53.10	49.71	38.78	47.85	51.15	44.22	45.61
2013	54.49	51.57	40.50	49.29	52.84	44.94	47.14
2014	55.75	53.01	42.28	50.84	54.82	46.79	48.82
2015	57.33	54.74	44.24	51.67	56.98	48.78	50.65
2016	58.84	56.39	46.07	53.55	58.74	50.42	52.38
2017	60.24	58.07	48.12	55.45	60.95	51.90	54.16
2018	61.50	59.65	49.50	57.27	62.15	54.01	55.86
2019	62.71	61.28	50.70	58.78	63.63	55.51	57.30
2020	63.89	62.66	52.23	60.00	64.96	56.53	58.62
2010～2020 年提高幅度（个百分点）	13.94	16.96	16.11	15.28	17.00	13.52	15.97

数据来源：根据 2011～2021 年国家统计年鉴及西北五省（区）统计年鉴整理。

3. 区域内部城镇化水平

2010～2020 年，西北地区内部城镇化发展趋势呈现稳定的不平衡性特征（见图 3-1）。宁夏回族自治区的城镇化率从 2010 年的 47.96% 提高 2020 年的 64.96%，领先西北其余各省（区），且于 2017 年超过全国平均水平；甘肃城镇化率从 2010 年的 36.12% 提高到 52.23%，居西北各省（区）最后，长期不变。说明西北地区城镇化发展水平具有较强的惯性和刚性，内部的不平衡性不易被打破。

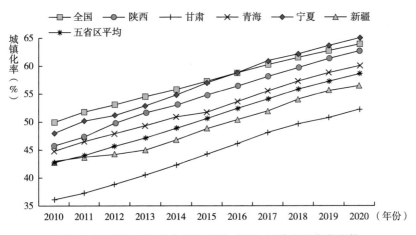

图 3-1　2010~2020 年西北五省（区）城镇化率变化趋势

数据来源：根据 2011~2021 年国家统计年鉴及西北五省（区）统计年鉴整理。

4. 城镇居民可支配收入与全国平均水平的比较

城镇居民可支配收入在很大程度上可以反映一个地区的城镇化水平及城镇居民生活水平的高低。在中国经济发展进入新常态之后，西北地区在城镇化率稳步提高的同时，城镇居民人均可支配收入也在稳步增加（见图 3-2），2013~2020 年（因国家统计口径调整，此处只用 2013 年以后的数据）西北五省（区）城镇居民人均可支配收入均有较大幅度的提高，与 2013 年相比，2020 年陕西、甘肃、青海、宁夏、新疆五省（区）的人均可支配收入提高的幅度分别为 69.46%、70.19%、74.46%、66.33%、65.18%。8 年间西北五省（区）城镇居民人均可支配收入增加的绝对数均在 1 万元以上，最多的是青海，增加了 15153.41 元，最少的是新疆，也增加了 13746.52 元。但是西北五省（区）城镇居民人均可支配收入水平仍然远远低于全国平均水平，且差距还有扩大趋势。绝对值上，2013 年西北地区城镇居民人均可支配收入最高的陕西比全国平均水平少 4121.07 元,最低的甘肃省比全国平均水平少 6593.56 元;到了 2020 年,两省与全国平均水平差距进一步扩大到 9544.00 元和 13590.00 元。增幅上,西北五省(区)城镇居民人均可支配收入增长幅度均低于全国平均水平(79.14%),增长最快的青海省仍比全国低 4.68 个百分点,最低的新疆比全国低 13.96 个百分点。

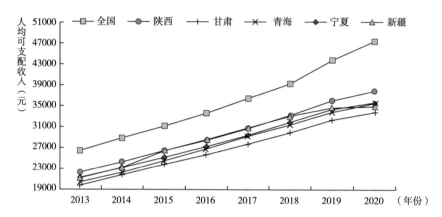

图 3 - 2　2013 ~ 2020 年全国及西北五省(区)城镇居民人均可支配收入变化
数据来源:国家统计局官网。

5. 西北地区城镇人口的主要居住地

西北地区地域辽阔,人口稀疏,城镇规模相对较小,Ⅱ型大城市及以下城镇是西北地区城镇人口的主要居住地。按照国家最新城镇规模划分标准,西北地区只有一个特大城市——西安,其常住人口占全省城镇人口的 32.42%,也只有一个Ⅰ型大城市——兰州,其常住人口占全省城镇人口的 24.81%,陕西和甘肃的其余城镇人口及其他三省(区)的全部城镇人口均居住在Ⅱ型大城市及以下城镇(见图 3 - 3)。

二　省域内部城镇化水平比较

1. 陕西省城镇化水平比较

陕西省是西北地区人口大省,同时也是西北地区经济社会文化最发达、城镇化水平较高的省份。2020 年,陕西省城镇常住人口达到 2478 万人,占西北地区城镇人口的 40.8%;城镇化率达到 62.66%,位居西北地区第二位。

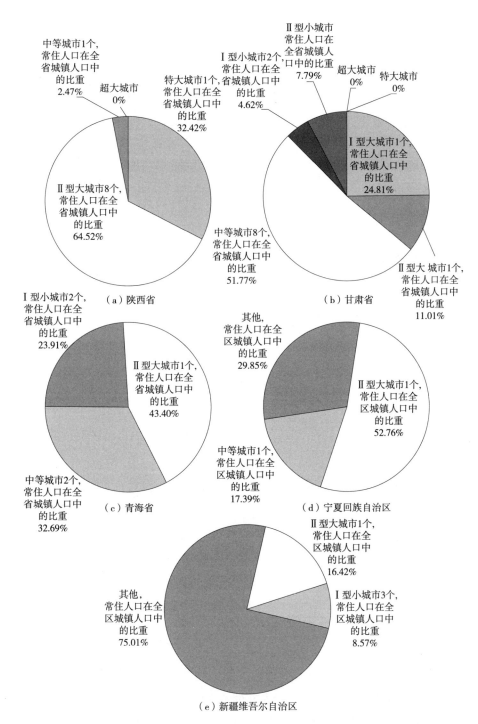

图 3-3　2017 年西北五省（区）地级及以上城市规模结构及人口占比情况

数据来源：数据根据西北五省（区）2018 年统计年鉴数据计算所得。

从城镇常住人口变动情况看，2020 年，全省城镇常住人口较 2010 年增加 771 万人，而西安市以 441.72 万人的增幅贡献了全省城镇常住人口增幅的 57.29%。从各市（区）城镇化水平看，全省只有西安、铜川和杨凌示范区 2 市 1 区常住人口城镇化率超过全省平均水平，特别是最低的商洛市常住人口城镇化率比全省平均水平低 14.63 个百分点，比全省最高的西安低 31.17 个百分点。从城镇化进程看，2010~2020 年商洛市以常住人口城镇化率 20.7 个百分点的提高幅度领跑全省，也是唯一一个提高幅度超过全省平均水平的城市；而铜川则是城镇化进程最慢的城市，10 年仅提高了5.8 个百分点（见图 3-4）。可以看出，10 年来陕西省在推进城镇化进程中取得了十分显著的成效，但也存在地区之间城镇化差异性大、不平衡的现象。

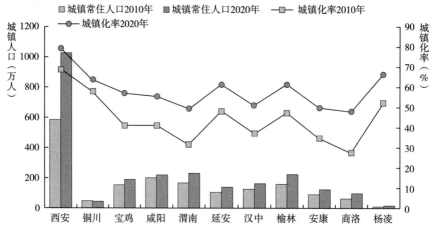

图 3-4　2010 年与 2020 年陕西省各市（区）城镇化率比较
数据来源：根据《陕西统计年鉴》（2011~2021 年）整理。

2. 甘肃省城镇化水平比较

甘肃省是西北地区人口第二大省份，同时也是西北地区城镇化水平最低的省份。2020 年，甘肃省城镇常住人口达到 1306.28 万人，占西北地区城镇人口的 21.51%；城镇化率居西北地区最后一位，只有 52.23%。从常住人口城镇化率来看，甘肃省域内部的差异性较大（见图 3-5），14 个市州常住人口城镇化率在 70% 以上的有 3 个，其中"钢铁城市"嘉峪关位居全省第一，达到 94.1%，省会城市兰州位居第二，达到 83.1%，"镍都"金昌居第三，达到 77.4%；其余市州除酒泉市达到 64.2% 外，均在 60% 以下，其中还有 3 个中心城市的城镇化率在 40% 以下。从城镇常住人口变动情况看，2020 年，全省城镇常住人口较 2010 年增加 381.62 万人，其中兰州市新增城镇人口 87.22 万人，占全省城镇新增人口的 22.85%，其次天水、庆阳、陇南等市城镇新增人口也较多。从各市（州）城镇化率变动情况看，武威市常住人口城镇化率提高幅度最大，为 19.45 个百分点；其次庆阳、甘南、天水、白银、陇南和张掖 6 个市州提高幅度也高于全省平均水平；嘉峪关、兰州 2 市因城镇化率处于较高水平，因而提高幅度处于末两位。

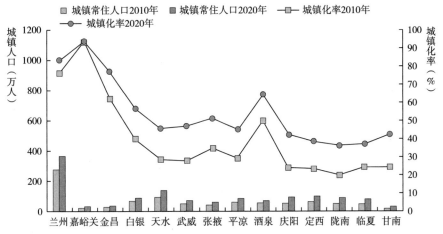

图 3-5　2010 年与 2020 年甘肃省各市（州）城镇化率比较

数据来源：根据《甘肃统计年鉴》（2011~2021 年）整理。

3. 青海省城镇化水平比较

青海省是西北地区人口最少的省份，截至 2020 年，全省常住人口只有 592.70 万人，其中城镇常住人口 355.62 万人，只占西北地区城镇人口的 5.86%；城镇化率达到 60.00%，居西北地区第三位。从常住人口城镇化率看，省域内部仍然存在差异（见图 3-6），只有西宁和海西两市州高于全省平均水平，其中省会城市西宁市达到 78.63%，为全省最高水平；其次海西州达到 76.56%，位列全省第二位；玉树州达到 50.62%，位列第三；城镇化率最低的果洛州仅有 35.1%，比西宁和全省平均水平分别低 43.53 个和 24.9 个百分点。从城镇常住人口变动情况看，2020 年，全省城镇常住人口较 2010 年增加 103.64 万人，其中西宁市新增城镇人口 53.29 万人，贡献了 51.42% 的全省城镇新增人口，其次海东市城镇新增人口 22.99 万人。从各市（州）城镇化率变动情况看，玉树州常住人口城镇化率提高幅度最大，提高了 18.5 个百分点；其次海东市、黄南州的提高幅度也高于全省平均水平；而海西州常住人口城镇化率仅提高了 6.52 个百分点，为全省最末位。

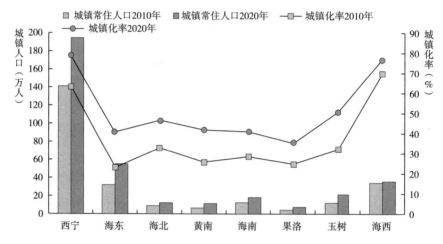

图 3 - 6　2010 年与 2020 年青海省各市（州）城镇化率比较
数据来源：根据《青海统计年鉴》（2011 年）及青海省统计局网站相关数据整理。

4. 宁夏回族自治区城镇化水平比较

宁夏是西北地区人口较少的省份，但也是西北地区城镇化水平最高的省份。2020 年，宁夏城镇常住人口达到 468.3 万人，城镇化率达到 64.96%，城镇常住人口占西北地区城镇人口的 7.71%。从常住人口城镇化率看，区内市际差异性较大（见图 3 - 7）。其中，首府银川市常住人口城镇化达到 80.22%，居自治区第一；资源型工业城市石嘴山居第二，常住人口城镇化率在 70% 左右；吴忠、中卫分列三、四位；城镇化率最低的固原市不到 25%，比最高的银川和全区平均水平分别低 36.63 个和 21.37 个百分点。从城镇常住人口变动情况看，2020 年，全区城镇常住人口较 2010 年增加 164.6 万人。从各市城镇化率变动情况看，城镇化率最低的固原市提高幅度最大，常住人口城镇化率提高了 20.84 个百分点；其次中卫市、吴忠市的提高幅度也高于全区平均水平；首府银川市因城镇化水平已处于较高位置，因而提高幅度较小，以 7.7% 的增幅位居全区末尾。

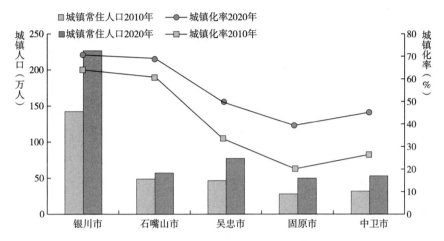

图 3 - 7　2010 年与 2020 年宁夏回族自治区各市城镇化率比较
数据来源：根据《宁夏统计年鉴》（2021）及宁夏回族自治区统计局网站相关数据整理。

5. 新疆维吾尔自治区城镇化水平比较

新疆维吾尔自治区是全国面积最大的省份，2020 年全区城镇常住人口达到 1464.13 万人，占西北地区城镇人口的 24.11%，城镇化率位居西北地区第四位，达到 56.53%。

从城镇常住人口的城镇化率来看，新疆地域内部的差异性较大（见表 3 - 4），2017 年 4 个地级以上中心城市中，石油城市克拉玛依户籍人口的城镇化率 100%，乌鲁木齐常住人口的城镇化率 89.03%，其余两个，哈密市达到 61.05%，吐鲁番市则为 36.40%。从能够更真实地反映人口城镇化的指标——户籍人口城镇化率来看，新疆的户籍人口城镇化率均高于常住人口城镇化率，且区域内部城镇化水平的不平衡性也比较显著。2017 年，克拉玛依市、乌鲁木齐市户籍人口城镇化率分别是 100%、97.31%，哈密市为 76.79%，吐鲁番则为 45.31%。

表 3 - 4　2017 年新疆中心城市城镇化水平（地级市）

区域	总人口数（万人）		城镇人口数（万人）		城镇化率（%）		城镇居民人均可支配收入（元）
	常住人口	户籍人口	常住人口	户籍人口	常住人口	户籍人口	
全区	2444.67	2286.72	1207.18	—	49.38	—	30774.80
乌鲁木齐	222.61	223.00	198.20	217.00	89.03	97.31	37028.00
克拉玛依	44.28	31.00	—	31.00	—	100.00	39000.00
吐鲁番	63.73	64.00	23.19	29.00	36.40	45.31	30550.00
哈密	56.11	56.00	34.25	43.00	61.05	76.79	32902.00

数据来源：《2018 年新疆统计年鉴》、《中国城市统计年鉴 2018》和 2017 年新疆各市国民经济和社会发展统计公报。

第二节　西北地区农业现代化的基本状况

截至 2020 年，西北五省（区）有农业人口 4283 万人，其中陕西省农业人口最多，达到 1476 万人，其次是甘肃拥有农业人口 1195 万人，新疆农业人口为 1124 万人，宁夏、青海农业人口较少，分别为 252 万人和 236 万人。西北五省（区）人均耕地面积均超过全国人均耕地面积，人均耕地面积最大的是宁夏回族自治区，达到 7.68 亩/人；其次是新疆，达到 6.99 亩/人；甘肃人均耕地面积居于第三位，达到 6.75 亩/人；陕西和青海人均耕地面积相对较少，分别为 4.05 亩/人和 3.75 亩/人（见表 3 - 5）。

表 3 - 5　2020 年西北五省（区）农业农村现代化发展状况

省（区）	乡村人口（万人）	耕地面积（千公顷）*	人均耕地面积（亩/人）
陕西	1476	3982.9	4.05
甘肃	1195	5377	6.75
青海	236	590	3.75
宁夏	252	1289.9	7.68
新疆	1124	5239.6	6.99

＊因自然资源部耕地普查，2018 ~ 2020 年数据暂未公布，因而耕地面积为 2017 年数据。

数据来源：《中国农村统计年鉴（2021）》。

一 西北五省（区）农业发展水平

1. 粮食生产能力

西北五省（区）人均耕地面积多，但受水、热条件所限，农业发展水平总体较低，且有明显下降趋势。2000~2020 年五省（区）粮食总产量从 2921.7 万吨增加到 4548.3 万吨，占全国总量的比重从 6.32% 提升到 6.79%，这说明西北地区粮食生产能力有所提升。分省区看，产粮大省新疆一直居西北五省（区）第一，2020 年全区粮食总产量达到 1583.4 万吨，与 2000 年相比翻了一倍，提高幅度比全国水平（44.86%）高 57.18 个百分点；其次甘肃粮食总产量增加了 488.7 万吨，增幅（68.49%）高于全国平均水平 23.63 个百分点；陕西、青海两省增幅低于全国平均水平。2020 年，陕西、甘肃、青海、宁夏和新疆的粮食总产量在全国的比重分别为 1.90%、1.80%、0.16%、0.57% 和 2.37%。与 2000 年相比，甘肃、宁夏、新疆 3 省（区）占比分别提高 0.26 个、0.02 个和 0.67 个百分点；陕西和青海两省分别下降 0.46 个和 0.02 个百分点（见表 3-6）。

表 3-6　西北五省（区）2000 年与 2020 年粮食产量对比

项目 地区	粮食总产量（万吨）		占全国的比重（%）	
	2000 年	2020 年	2000 年	2020 年
陕西	1089.1	1274.8	2.36	1.90
甘肃	713.5	1202.2	1.54	1.80
青海	82.7	107.4	0.18	0.16
宁夏	252.7	380.5	0.55	0.57
新疆	783.7	1583.4	1.70	2.37
西北五省（区）	2921.7	4548.3	6.32	6.79

数据来源：《中国农村统计年鉴（2021）》。

2. 农业总产值提高状况

2010~2020 年，伴随粮食生产能力的提升，西北五省（区）农业总产值有了大幅度提高（见图 3-8），且除甘肃外，其余各省（区）农业总产值的提高幅度都高于全国平均水平。其中陕西省提高幅度（按现值计算），达 153.53%，比全国平均水平高出 59.31 个百分点；其次新疆提高了 113.25%，青海提高了 104.78%；排位最末的甘肃虽然提高幅度不及全国平均水平，但也提高了 87.93%。

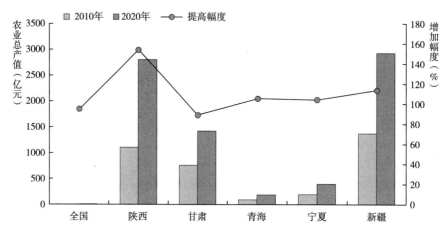

图 3-8 2010~2020 年西北五省（区）农业总产值变化趋势

数据来源：2011~2021 年《中国农村统计年鉴》，增加幅度按现值计算。

与此相应，2010~2020 年西北五省（区）农业总产值在全国的比重也从 9.55% 提高到 10.81%，提高了 1.26 个百分点（见图 3-9）。分省（区）看，除甘肃农业总产值在全国的比重由 2.05% 下降到 1.98% 外，其余各省均有所提升。其中提升幅度最大的是陕西省，由 2.99% 上升到 3.91%，其次是新疆，由 3.72% 上升到 4.09%；青海省由 0.24% 上升到 0.26%，宁夏由 0.52% 上升到 0.55%. 总体上经过 10 年的发展，西北地区农业生产能力有了较大提高。

3. 农民人均可支配收入与全国平均水平的比较

随着粮食产量和农业总产值不同程度的提高，2010~2020 年西北地区农民人均可支配收入都有了较大幅度的提高，且提高幅度显著高于前两者（见图 3-10）。与 2010 年相比，2020 年西北五省（区）中陕西、甘肃、青海、宁夏、新疆农民人均可支配收入分别提高了 1.97 倍、1.76 倍、2.06 倍、

1.71 倍和 1.82 倍，均高于全国平均水平（173%）。

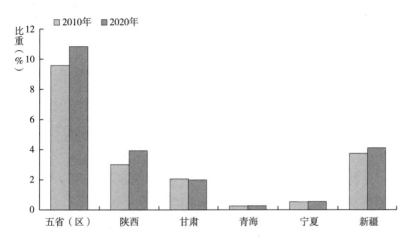

图 3-9　2010~2020 年西北五省（区）农业总产值在全国的比重变化趋势
数据来源：2011~2021 年《中国农村统计年鉴》。

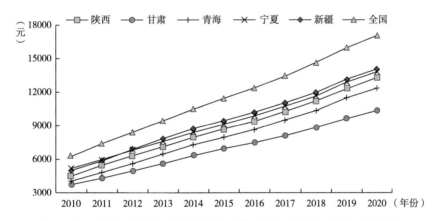

图 3-10　2010~2020 年全国及西北五省（区）农民人均收入发展变化
数据来源：2011~2021 年《中国统计年鉴》。

　　尽管西北地区农民人均可支配收入有了较大幅度提高，但是与全国平均水平之间的绝对值差距仍然较大，且有扩大之势。2010 年，西北五省（区）陕西、甘肃、青海、宁夏、新疆农民人均可支配收入与全国平均水平的差距分别为 1795 元、2525 元、2244 元、1147 元和 1279 元；到 2020 年，差距分别扩大到 3815 元、6787 元、4789 元、3242 元和 3075 元。

二 西北五省（区）农业投入和产出水平

1. 农业投入水平

单位耕地面积农机总动力、有效灌溉率、人均农林牧渔业固定资产投资是反映农业投入水平的重要指标，关系着农业未来发展潜力。总体来看，在农业现代化进程中，西北五省（区）农业投入水平存在整体下降趋势（见表3-7）。与2010年相比，2020全国单位耕地面积农机总动力呈现微弱增长趋势（2.76%）。同期，西北中有四省（区）单位耕地面积农机总动力有所提高，其中新疆提高幅度最大，为40.10%，陕西提高了21.46%，青海提高了7.35%，甘肃提高了0.47%；而宁夏单位耕地面积农机总动力是负增长，下降了24.28%。

表3-7　2010年、2017年和2020年西北五省（区）农业投入水平变化对比

	单位耕地面积农机总动力（千瓦/公顷）			有效灌溉率（%）*			人均农林牧渔业固定资产投资（元/人）*		
	2010年	2020年	增长幅度（%）	2010年	2017年	增长幅度（%）	2010年	2017年	增长幅度（%）
全国	7.62	7.83	2.76	49.58	50.28	1.41	595.53	358.94	-39.73
陕西	4.94	6.00	21.46	31.72	31.71	-0.03	382.03	327.10	-14.38
甘肃	4.24	4.26	0.47	27.44	24.76	-9.77	338.84	174.01	-48.65
青海	7.76	8.33	7.35	46.38	35.01	-24.51	159.07	142.35	-10.51
宁夏	6.59	4.99	-24.28	41.97	39.65	-5.53	657.58	459.93	-30.06
新疆	3.99	5.59	40.10	90.23	94.52	4.75	900.40	699.52	-22.31

*因自然资源部耕地普查，2018~2020年数据暂未公布，因而耕地面积为2017年数据。因相关数据公布口径变化，无法获取2020年固定资产投资数据，因而用最新的2017年数据计算。

数据来源：根据2011年、2018年、2021年《中国农村统计年鉴》和《中国统计年鉴》相关数据整理。

与2010年相比，2017年西北五省（区）除新疆的有效灌溉率提高了4.75%之外，其余各省的有效灌溉率均有所下降，其中青海下降幅度最大，下降了24.51%，其次是甘肃，下降了9.77%。2017年与2010年相比，西北五省（区）人均农林牧渔业固定资产投资全部下降，且下降幅度均在 10% 以上。陕西、甘肃、青海、宁夏、新疆下降幅度分别为 14.38%、48.65%、10.51%、30.06%、22.31%。

2. 农业产出水平

粮食单位播种面积产量、农林牧渔业增加值占 GDP 比重是反映农业产出水平的重要指标。在农业现代化进程中，西北地区农业产出水平不断提高（见表 3 - 8）。与 2010 年相比较，2020 年西北五省（区）有三个省（区）的粮食单位播种面积产量提高幅度高于全国平均水平，其中甘肃省粮食单位播种面积产量提高幅度达到 30.75%，高于全国平均水平 16.21个百分点；宁夏粮食单位播种面积产量提高幅度达到 28.11%，高于全国平均水平 13.57 个百分点。而青海省的粮食单位播种面积产量有所下降。农林牧渔业增加值占 GDP 比重方面，西北五省（区）中有四个省（区）呈下降态势，其中下降幅度最大的是新疆，下降了 4.69 个百分点，其他省（区）下降幅度低于全国，而青海省比重则上升了 1.27 个百分点。

表 3 - 8　2010 年、2020 年全国及西北五省（区）农业产出水平对比

区域	粮食单位播种面积产量（千克/公顷）			农林牧渔业增加值占 GDP 比重（%）		
	2010 年	2020 年	增长幅度（%）	2010 年	2020 年	下降幅度
全国	5005.69	5733.51	14.54	10.2	7.98	2.22
陕西	3706.92	4247.92	14.59	9.9	9.10	0.80
甘肃	3485.17	4556.72	30.75	14.5	13.72	0.78
青海	3731.03	3703.45	− 0.74	10.0	11.27	− 1.27
宁夏	4373.02	5602.18	28.11	9.8	9.08	0.72
新疆	6730.08	7099.81	5.49	19.9	15.21	4.69

数据来源：根据 2011 年、2021 年《中国农村统计年鉴》和《中国统计年鉴》相关数据整理。

3. 农业可持续发展水平

森林覆盖率、单位耕地面积农药施用量、单位耕地面积化肥施用量可以在一定程度上反映农业可持续发展水平。与 2010 年相比，2020 年西北五省（区）的森林覆盖率有了不同程度的增加，国家生态保护屏障的主体

功能作用越发明显。农药使用方面，西北五省（区）单位耕地面积农药施用量均低于全国平均水平，且青海省的降低幅度高于全国，其他省（区）也有不同程度的下降。从单位耕地面积化肥施用量来看，甘肃、青海、宁夏三省（区）化肥使用量低于全国平均水平，而且近10年甘肃、青海两省的下降幅度也是高于全国的；而陕西、新疆两省（区）单位耕地面积化肥施用量不降反升，且均超过了全国平均水平（见表3-9）。

表3-9 2010年、2020年全国及西北五省区农业可持续发展水平对比

地区	森林覆盖率（%）			单位耕地面积农药施用量（公斤/公顷）			单位耕地面积化肥施用量（公斤/公顷）		
	2010年	2020年	增加幅度	2010年	2020年	降低幅度（%）	2010年	2020年	降低幅度（%）
全国	21.60	23.00	1.40	14.45	9.74	32.60	456.94	389.28	14.81
陕西	41.40	43.10	1.70	3.06	3.00	1.96	485.89	506.92	-4.33
甘肃	11.30	11.30	0.00	9.57	7.55	21.11	183.09	149.53	18.33
青海	5.60	5.80	0.20	3.80	2.09	45.00	162.15	93.20	42.52
宁夏	11.90	12.60	0.70	2.39	1.69	29.29	342.34	295.37	13.72
新疆	4.20	4.90	0.70	4.41	4.17	5.44	406.34	473.70	-16.58

数据来源：根据2011年、2021年《中国农村统计年鉴》及国家统计局相关数据计算。

三 西北五省（区）农村与城镇的协调性对比

城乡居民人均可支配收入比，既可以大体反映城乡居民的收入差距情况，又可以反映一个地区城乡发展水平的协调性程度。在国家大力实施城乡统筹、城乡一体化发展的大趋势下，西北五省（区）农村居民人均可支配收入大幅度提高，城乡居民人均可支配收入比总体呈现大幅度下降趋势（见图3-11）。西北五省（区）陕西、甘肃、青海、宁夏、新疆的城乡居民人均可支配收入比分别由2010年的3.43、3.69、3.59、2.94和2.9下降为2020年的2.84、3.27、2.88、2.57和2.48。与全国对比，近10年来陕西、甘肃、青海3省城乡居民人均可支配收入比一直高于全国平均水平，

但陕西、青海 2 省与全国的差距有所减小，而甘肃却越来越大。宁夏、新疆 2 区波动趋势与全国处于胶着状态，新疆于 2019 年与全国持平后开始大幅下降，2020 年比全国低 0.08。这说明西北地区城乡发展的协调性较差，已经落后于全国水平。因而促进城乡良性互动，进一步加快城乡协调发展的步伐是西北地区面临的重要课题。

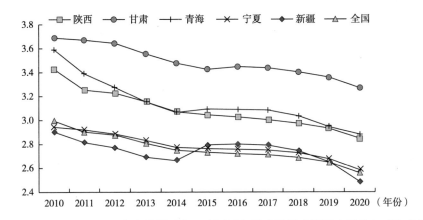

图 3 - 11　2010 ~ 2020 年全国及西北五省（区）城乡居民人均可支配收入对比变化
数据来源：2011 ~ 2021 年《中国统计年鉴》。

第四章 西北地区"两化"互动的
田园调查与分析

    为了充分认识和全面反映西北地区城乡互动关系最基本最一般也是最真实的现实状况，让本书的研究尽可能建立在普遍性、一般性现实基础上，避免特殊因素、特殊条件对研究思路的影响，本书根据西北自然地理类型，同时考虑到语言沟通和道路交通的便利性，于2017年3月至2018年5月，在甘肃省选择了能够代表西北主要自然地理类型和农业经济发展条件的5个乡村进行了实地调查。一类是平原、走廊地区农业基础条件比较好的乡村，其中一个是距离就业中心远的乡村——武威市民勤县的A镇某村，另一个是距离就业中心近的乡村——敦煌市B镇某村；另一类是自然地理条件不利于农业发展的山区地带，其中有：距离就业中心近的乡村——白银市白银区C镇某村；具有特色产业的乡村——天水市秦安县D镇某村；距离就业中心远且自然条件非常恶劣的乡村——陇南市西和县E镇某村。调查内容主要围绕农村地区城乡互动的实际发展状况展开，重点一是当地的劳动力转移及其城镇化状况；二是农业生产及农业现代化发展状况；三是城镇化和农业现代化对当地的农业生产、农村生活、教育、医疗、生态环境等的影响。调查方法主要是与乡镇政府负责人、村负责人、村民及外出打工者代表面对面座谈。以下是基于这5个乡村的实地调查所做的1个总体分析报告和5个分报告。

第一节 西北地区"两化"互动发展状况总报告

一 西北地区农村劳动力转移及其城镇化的一般特征

1. "半工半耕"的谋生方式已经成为西北地区农村最普遍、最显著的特征

5个典型案例调查均显示，在中国工业化、城镇化进程快速推进的时代潮流中，以代际分工或性别分工为基础的"半工半耕"方式是西北广大农村地区农民维持生产和生活的最基本、最普遍的方式。无论农业发展的自然地理条件和社会经济条件是否优良，靠外出打工维持生计已经成为西北地区广大农民的普遍选择。白银和敦煌的案例充分体现了"以性别分工为基础的半工半耕结构"，即男性外出务工，女性在家从事农业生产劳动和照顾家庭，老年人辅助开展家务劳动，白银案例中男性外出打工者和女性从事农业劳动者的占比均为70%，敦煌案例中男性外出打工者占比为65%。天水、武威和陇南的案例表现为"以代际分工为基础的半工半耕结构"，年轻一代人外出打工，年老一代人在家进行农业生产。"以代际分工或男女分工为基础的半工半耕"中国式小农经济，已经成为西北地区农民普遍的家计模式，同时也是西北地区农业的基本经营模式，西北地区"两化"互动发展正是以此为基础而展开的。

2. "双栖"的就业模式和生活方式是西北地区农民维持生计的理性选择

与"半工半耕"的谋生方式相适应，坚持外出打工与兼顾农业生产，成为西北地区农民维持基本生计的最佳安排。5个典型案例调查都显示，一方面在城镇打工赚钱，可以得到相对较高的收入，另一方面坚守权属关系比较稳定明确的土地和宅基地，获得虽然较低但相对稳定的务农收入和国家惠农政策补助，是西北地区广大农民选择"双栖"就业模式和生活方式的基本动因，也是农民尽可能选择就近就地打工的主要原因。只要靠近

就业中心地区，农民一般都会选择就近打工赚钱的方式；千里迢迢、背井离乡外出打工是农民不得已的选择。武威、陇南两案例中的农民远离就业机会多的城镇，他们不得不远赴内蒙古、新疆等地打工赚钱，即使这样，他们也是选择离家最近的省（区、市）打工赚钱。武威案例中虽然在外省（区、市）的打工者比例达75.8%，但是其中的45.5%主要选择离家最近的内蒙古。而敦煌、天水、白银三地的农民因靠近旅游城市、工业城市和省会中心城市，就近就业机会多，他们一般都选择离家近的城镇打工。例如敦煌地区的农民在周边区域打工的比例高达95%，其中在敦煌市区打工的比例达89%，主要是因为敦煌市文旅产业的蓬勃发展为当地农民工提供了较多的就业机会和岗位，加之熟悉的环境、熟悉的人群，互相介绍工作，风险小，又能方便照顾家庭，兼顾农业生产，选择"双栖"的就业模式和生活方式就成为他们维持生计的理性安排。

3. 就近城镇化是西北地区农民实现城镇化梦想的可行路径

案例调查表明，西北地区有条件在城镇买房居住的农民一般都选择县城或就近的中心城市。农民就近城镇化的一个重要原因就是打工者的收入有限，维持城镇家庭生活需要农村家庭的一定支持。打工者在城市生活开支大，就近打工，农村家庭可以给予一定的物质支持，比如家里自产的粮食、肉类、菜类、水果均可供应外出打工者，降低城镇生活成本。天水案例中因为本地有特色产业，为了便于随时回家帮忙种植苹果，外出打工者大部分选择在本省（兰州、天水等地）打工，同样白银案例中该地区有乳制品龙头企业的带动，所以村民选择在白银市打工的比例高达82%。总之，在西北地区，因为在城镇就业和生活的稳定性差，城镇生活成本高，打工者多从事低技能的工作，收入有限，且还存在工资不能按时发放的风险。所以，为了与农村家庭保持紧密关系，就近城镇化就成为西北地区农民实现城镇化梦想的可行方式。

4. 农业发展水平仍然是农民实现城镇化的物质基础和前提条件

实地调查的5个案例表明，一定的农业发展基础仍然是西北地区农民实现城镇化的必要物质基础和前提条件，越是农业基础好的地区，农民越有可能实现城镇化，越是农业基础差的地区，农民实现城镇化的可能性就越小。

几个案例表明，农业基础好的农村地区更易于城镇化，例如有"陇原粮仓"之称的河西走廊绿洲农业区的敦煌 B 镇某村，该村 90 户人家，已有 55 户在敦煌市购买住房并搬到城市生活；民勤 A 镇某村有 8 户家庭在城镇有房。这些地区的情况表明，良好的农业发展基础，是农村实现城镇化的坚实后盾。而与此相反，陇南市西和县 E 镇案例中的村民因为基础条件差，基本没有能力实现劳动力的彻底转移和城镇化。分析上述案例之间存在差异的原因：一是农业生产基础设施条件完善、机械化程度提高促进了生产效率的提高，将大批农业劳动力释放出来，直接推动了农村人口的城镇化；二是农业基础好，父母有一定积蓄和农业生产能力，可以用一定的资金和物资支持年轻人进城安家。

5. 如果条件容许，农民更愿意留在家乡生活和工作

天水案例和白银案例表明，如果农村直接让农民有钱挣，农民更倾向于在自己的家乡生活，农村社会的稳定性更高。天水市秦安县 D 镇因为有特色产业——苹果种植业，白银市白银区 C 镇某村因为靠近镇政府所在地，可以开展第三产业等多种经营，这些地方的农民通过经营特色产业和各种服务业就可以挣到与外出打工者差不多的收入，更何况离家近，生活成本低、生活舒适度高，所以他们即使有条件迁移到城镇，也更倾向于留在家乡。

二　城镇化进程中的西北地区农业农村发展状况

通过对几个典型案例的调查，我们可以明显感受到快速城镇化进程对西北地区农业发展的一些显著影响。

1. 规模化经营难以推进，以一家一户为主的家庭经营仍然是西北大部分地区农业生产的基本方式

西北地区地理气候条件复杂多样，平原少，山地多，许多农村即使土地平坦，灌溉条件也是限制农业生产的因素。调查案例中，河西走廊绿洲

农业地区武威、敦煌虽然有平坦的土地，但是因为灌溉不易，长期以来一家一户的小农生产依然是主要的生产经营模式。更多的西北农村地区属于山区，山高沟深、道路崎岖，种植格局细碎化、分散化、不规则，仍然是各地农村的普遍现象，农业机械化生产、区域化布局实施难度较大。更重要的原因是农业收益偏低，规模化经营风险高，所以适度规模的农业生产在许多地区并没有实质性进展。

2. 发展规模化养殖业面临重重困难

调查案例中白银、武威、敦煌等地的农户都有养羊传统，但近些年，出于保护生态的目的，政府对散养模式进行管制，农户的养殖方式由以前的外出散养为主转变为圈养为主，各家各户的养殖积极性已不如从前。这主要因为：一是养殖规模和数量达不到标准，享受不了政府优惠补贴，影响了农民养殖的积极性；二是农户的资金投入和经营管理跟不上；三是老一辈养殖户的思想观念、养殖方式与目前的环保政策有冲突；四是农户认为养殖业的市场行情不稳定，农户承担不起养殖风险。

3. 土地流转的积极性普遍不高

与全国大部分农村地区土地大面积流转情况不同的是，在调查中，西北农村地区土地流转现象并不普遍，只有个别地方有少量土地进行流转，并且表现出流转的数量少、面积小、流转费用不高的特点。如武威案例中租种该村土地仅给本村人租金每亩 300 元，敦煌案例中更低，只有每亩 100~200 元。土地流转的方式大多是在朋友、亲戚或熟人之间小规模的承包或者免费耕种，流转于企业、种粮大户等的情况很少。而且这种土地流转方式一般没有书面合同，只是口头约定。在被调查的村中也存在一定程度上的土地抛荒现象。流转土地产生的低收益直接抑制和削弱了农户流转土地的积极性与动力，因为流转费太少，一些农户自己不种植，也不愿意流转出去，致使部分土地无人看管而荒芜。产生上述情况的主要原因一是西北地区的农民对土地的依赖性依然比较大，"一亩三分地"依然是农民维持基本生活的可靠保障；二是在西北广大农村能够进行规模化经营的大户或企业数量比较有限。

4. 农民对于农业投入的积极性逐渐降低

调查中可以明显感受到，现在西北地区的农民对于农业投入的积极性普遍降低。影响农民农业投入积极性的主要原因有二。一是工业化、城镇化进程加快，农民有了种地和打工的自由选择权，可以通过去城镇打工获得比农业生产高得多的收入，不用好好务农，也可以将日子过下去。农民对农业产出的期望值降低，外出打工收入远远高于农业收入，越来越多的农民选择外出打工，从而对农业的劳动力、物资、技术等投入的积极性降低。二是农业生产成本逐年增加，农业收入在扣除了种子、农药、化肥、机械工具、灌溉用水等费用后所剩无几，直接影响农民投入的积极性。三是农产品的市场环境不稳定，不论是规模化种植，还是一家一户的小农经营都无法解决市场环境的不稳定问题，不知道该种什么，无所适从，农业已成为高风险产业。四是年轻人特别是青壮年男子大多数外出打工，留在农村从事农业生产的主要是妇女和老人，这在西北各地的农村已经是普遍现象，这些妇女和老人文化程度偏低，生产能力有限，对农业投入的积极性普遍不高。

5. 农业生产的社会化、专业化服务体系普遍缺乏

几个调查案例表明，在西北地区的农村，农业生产田间地头环节的社会化服务如机耕服务、播种服务等已经借助市场力量有了一定程度的改善，但是作为一个产业，农业发展的其他环节的社会化服务体系远远跟不上农业的现代化进程。尤其在能够指导生产、提高生产质量、提供种植计划咨询、产后市场拓展等方面的专业化、社会化、组织化的服务体系非常缺乏。尽管政府花大力气对农民进行各种技术培训，但单纯的农业技术服务成效不大，其主要原因是整个农业发展体系不能从根本上解决农业收益低、风险大的弱质性问题。调查案例显示，各种农业技术培训是政府为农民提供最多的一种社会化服务，但是农民对技术培训的兴趣和积极性并不高。其中的原因：一是单纯传授农业生产技术，年纪大的农民觉得没有用，认为长期积累传授下来的务农经验已经够用，他们需要政府和社会解决的是种什么才能让他们能够有好收益的问题；二是年轻人更看重外出打

工挣钱，认为农业生产投入多、效益低，收入单一，所以他们对农业生产技术培训不感兴趣，而对为城镇打工做准备的各类职业技术培训更感兴趣。农民更希望获得以下服务：一是劳动力转移职业技术培训、就业指导和维权知识培训，解决农民工要账难的问题；二是提供专业化的信息服务，指导农户开展生产，解决农业生产的后顾之忧。

6. 教育资源向城镇集中严重影响了农民的生活质量和家庭幸福

案例调查中各地村民反映最强烈的问题是教育、医疗等基本公共服务在城乡之间的巨大差距，这些问题已经严重影响到农民的生活质量和家庭的幸福。几个案例调查均表明，医疗基础条件差，设施设备陈旧、落后，医生少、护士多，医护人员水平低等是农村普遍存在的问题。但是影响农民生活最严重也是农民反映最强烈的问题是教育资源向城镇过度集中，农村教育资源匮乏。孩子上学是牵动全家生活秩序的大问题，现在几乎所有的乡镇高中全部集中到县城，许多小学、初中或撤销，或合并，这对农村和农民的日常生活产生了深远的影响。一是农民生活成本陡然提高，生活舒适度大大降低，严重影响农民生活质量。现在农村的孩子只能去县城上高中，如果一家有两个或三个孩子，这就意味着一个家庭至少需要一个人去县城陪读，租房或买房成为陪读家庭的必然选择，这必然会大大增加农民的生活成本。农民本来可以在自家院中自在地生活，现在变成要在县城租一间小屋局促安生，如果孩子在县城上小学、初中，直至高中，相应的生活开支就成了"无底洞"，有多个孩子需要上学的，只能一个孩子走了其他孩子也必须跟着走。二是合并办学并没有让乡村的教学质量显著提高。调查中各地农民反映，一些乡村学校和老师虽然合并到一起，但是老师和学生基本没有变，只是换了一个地方，教学质量并没有提高。与此同时，现在农村教师收入提高了，纷纷将家安在县城，老师按时按点来乡镇学校上课，对学生的关注度、责任感远不如从前，乡村教育质量的下降成为必然。三是在农村，学校无疑是乡村的文化中心和消费中心，一所学校的撤销，不仅严重影响乡镇的文化氛围，也严重影响乡镇地方经济的发展。四是农村学生远离生育养育他的环境，原本成长过程中自然而然接受的农业知识、劳动教育和农耕文化几乎丢失。农村教育体制的这种改革方式，虽然短期内快速实现了城乡教育资源的均等化，有利于农村孩子同城市孩子享受同样的教育资源，但由此也带来不少问题，负面效应明显。

7. 现代农业发展方式造成了农村地区生态环境的不断恶化

案例调查中我们可以明显感受到：快速推进的城镇化进程和化学化、规模化、种植结构单一化的现代农业发展方式让农村地区面临生态环境压力持续加大的困境。20世纪80年代以后，随着市场化进程的不断深入，西北地区农村一改传统的精耕细作式的有机农业种植方式，开始逐步走向化学化、规模化、种植结构单一化的现代农业发展方式，加之城镇化进程的加快，农村大批劳动力进城打工，农业由农民的主业变成副业，而增产增效、快速致富依然是发展农业的主要目标。在此时代背景下，化学化、规模化、种植结构单一化的现代农业发展方式全面推进，化肥、农药、地膜、激素等现代农业技术手段大行其道，导致目前农村地区陷入生态环境压力持续加大的困境。一是白色污染随处可见。课题组在调查中了解到，以前种植小麦、玉米等粮食作物，一般不用地膜，现在为了提高产量，增加效益，发展各种经济作物，普遍使用地膜覆盖技术。现在农村由于劳动力缺乏，已经无力收集处理地膜，废旧地膜随风四处飘散，来年再深耕到土壤中，年复一年大量地膜被埋进土里，造成土壤污染，严重影响农作物根系发育。二是农药化肥的大剂量使用司空见惯。几个案例调查均显示，现在农民种地所需要的肥料基本都是化学品，很少使用农家肥，且农药、化肥使用量一直在增加，而农作物病虫害的种类、频率不断增加，土壤污染，地力下降，形成恶性循环，已是农村地区的普遍状况。三是防护林、公益林砍伐致使防风固沙的屏障被破坏。课题组在案例调查中了解到，一些村庄为了规模化、产业化生产，在承包土地、条田整理及土地流转过程中，存在将几十年来种植的防护林全部砍伐的现象，让西北地区本来就脆弱的生态环境雪上加霜。

第二节 西北地区"两化"互动发展状况分报告

一 河西走廊临近沙漠地带的绿洲农业村庄

2018 年 1 月，课题组赴甘肃省民勤县 A 镇，与镇政府负责人座谈，了解全镇基本情况，并深入 a 村进行入户调查，与该村负责人、村民、外出打工者代表进行了面对面访谈和交流。

A 镇是甘肃省武威市民勤县下辖镇，地处河西走廊东北部，距民勤县城 40 公里，距武威市市区 50 公里。西濒石羊河而临近镍都金昌，北濒红崖山水库而与内蒙古接壤。本区域的西北东三面都紧紧被腾格里和巴丹吉林两大沙漠包围，大陆性沙漠气候特征明显，四季分明，冬冷夏热、光照资源充足、太阳辐射强、降水稀少、蒸发量大、气候干燥、昼夜温差大；A 镇位于石羊河下游，地势平坦，灌溉条件便利，自古以来就是传统的绿洲农业耕作区。正常年景，粮食生产稳定，家家户户有余粮，百姓生活安定。20 世纪 90 年代以前，A 镇主要种植小麦、玉米等粮食作物，随着产业化农业的大力推进，大量荒地被开垦，本区域地下水位急剧下降，生态环境恶化。政府强制关井压田，减少粮食作物种植面积，开始大力发展向日葵、洋葱、辣椒等经济作物，目前作物的种植种类多而且变化频繁，与此同时大量农民开始外出打工。

目前，除课题组调研的 a 村外，其他村的土地流转工作已基本完成，无土地抛荒现象，土地确权登记工作也已全部完成。该镇开展土地流转的公司有 5 家，其中 1 家外地的，4 家是本地的。流转土地的龙头企业主要种植玉米、向日葵等。据镇政府负责人介绍，这里的农民愿意将土地流转，一方面是农业劳动力都老龄化了，种不了地了；另一方面是从经济效益来看，农产品种植病虫害多又严重，投入大，花费多，收入低，不划算。而流转的土地，统一管理，产量稳定，农民收入好。规模最大的土地流转公司拥有土地 1000 多亩，可以进行机械化操作，优先雇用本地农民，农民平均每天收入 120～150 元，高者可达 700～800 元，只需要 7～8 人管理即可，这样农民的年收入人均增加 10000 元。该镇还建设了新农村定点集中居住区，并且为每家每户规划了统一集中的养殖区。调查时，该镇利用濒临石羊河湿地的地理优势，投入 2000 多万元，正在积极打造旅游景点，发展旅游产业。由于该镇土地流转工作刚刚开展，为了反映本地的实际发展状况，课题组重点调查了保持一家一户种植方式的 a 村。

1. 劳动力转移及城镇化状况

a 村距离 A 镇镇政府 2 公里，有土地 500 多亩，人均土地面积 3.7 亩，户均 15 亩。20 世纪 90 年代以前，本地劳动力主要忙于农业生产，几乎没有外出打工者。随着本地生态环境恶化，时任国务院总理温家宝提出"不让民勤变为第二个罗布泊"之后，治理生态环境成为头等大事，当地实施关井压田政策，减少粮食作物种植面积，该村农民才开始外出打工，从此也拉开了该村的城镇化和现代农业发展的序幕。该村共有 34 户人家，其中 8 户在县城有房已搬出，实际居住 26 户。共有村民 131 人，其中 15～64 岁的劳动力人口为 71 人，占总人口的 54%。该村几乎每户人家都有外出打工者，且男性居多。全村外出务工人员 26 人，占劳动力人口的 36%，其中男性为 17 人，占外出务工人员的 65.4%。该村从事农业劳动的女性占 53.3%，60 岁以上的农业劳动人口占 35.6%。从该村的劳动力结构来看，虽然每户人家都有外出打工者，但总体比例不高，男性外出打工者居多，女性主要在家从事农业生产和照顾家庭，有近 1/3 的老年人仍然从事农业生产活动。

该村外出打工者以中青年为主。去外省的打工者比例高达 75.8%，其中去内蒙古的人数占 45.5%，在本省境内，如金昌、武威、白银等地打工者的比例仅占 24.2%。打工者从业范围比较广泛，有服务业、建筑业等，其中从事第三产业的人数高达 78.8%，从事第二产业的人数为 21.2%。打工者的月平均收入为 4000～6000 元。有 8 户打工者在县城购买了住房，其他都是临时租房居住，住房面积一般都不大。打工者的子女大多在县城上学，多数家庭需要老人同去帮忙照顾孩子。

从该村外出务工人员的服务地区、职业及收入结构可以看出，该村大多数农民家庭都处于"以代际分工为基础的半工半耕"状态。外出打工者选择打工的地方离家比较近，职业比较灵活，一方面可以方便照顾家里，逢年过节，家里有大小事等能及时赶回；另一方面是打工者的收入有限，城里的小家庭在城镇生活开支比较大，打工赚的钱仅够日常开支，离家近，农村老家可以给予一定的物质支持，比如家里自产的粮食、肉类、菜类、水果可供应在外打工的家人。一些外出打工者在县城买房子的首付、娶媳妇的彩礼钱等都是由在家务农的父母提供。这一部分人群表示不愿意再返回到农村生活，但是他们也没有办法彻底离开农村。一是因为在城镇的生活具有不稳定性。城市生活成本高，打工者多从事低技能的工作，工作的稳定性差，工资不能按时发放，又缺乏社会保障，无法负担一家老小的城市生活。外出务工人员选择"双栖"的就业模式和"双飞"的生活方式，即一方面在城镇打工赚钱，可以得到相对较高的收入，另一方面坚守自己权属关系比较稳定且明确的土地和宅基地，可获得虽然较低但相对稳定的务农收入。二是父母不愿离开农村，子女需要照顾老人。老人们一般都保持落叶归根的观念，习惯于农村自由散漫宽松的生活方式，有他们熟悉的左邻右舍。同时，他们也认识到子女在城镇生活的不易，不想连累子女，给子女们添加更多的生活压力。在农村生活种地还能够享受到国家的各种惠农政策补贴。该村农民的这种生活状况说明了在"以代际分工为基础的半工半耕"方式下，有能力完全城镇化的人口只有很少的一部分，大部分外出打工者逐渐分化为"回不去农村，融不进城市"的新生代群体。与此同时，青壮年在城镇打工生活，只剩老年人、妇女在家务农，维持生计。在城镇化进程中，这个村庄的城乡互动关系就是以这种方式进行着。

2. 农业生产状况

该村有土地 500 多亩，人均土地面积 3.7 亩，户均 15 亩。该村无抛荒土地，也无集体经济，种植作物主要有玉米、小麦、向日葵、辣椒等。

该村的种植安排一般是以 4～5 户家庭为一组，组员自发组合，相对固定。组内统分结合，组员的耕地一般都连成一片，大家统一协商每年的种植种类，庄稼的倒茬安排，而其他耕作事宜各自负责。人多地少的家庭或者有劳动力的家庭会多租种一些土地，由于组内的种植情况一致，各户人家也会在生产环节相互帮助。目前农作物种植的许多环节基本实现了机械化，如种子播种前由专门经营农机的人员（一般是季节性经营）提供统一的机耕服务，土地深耕每亩35元，剩下的播种、灌溉、除草、施肥、打药、收割等多半也是机械化操作。农户的基本生产资料包括种子、农药、化肥、地膜、生产工具（农机具）等，大多可以在乡镇上本地人经营的农资商店购买，也可以打电话，让经营者送货上门。

本地农业发展和生态环境保护间的矛盾突出，农业生产必须承受地下灌溉用水的限制和高额费用，这无形中增加了农业生产的投入成本。从该村的种植情况来看，虽然农业种植的现代化程度提高了，解放了农村劳动力，但是农民对农业生产资料（种子、农药、化肥、地膜、机械工具等）的投入也在逐年增加。同时农业生产的市场环境不稳定，致使农民从生产中获得的收入依然很低，对农业的生产热情和积极性不高，因此绝大多数的农村家庭成员是一半打工，一半种田，以种田为辅，种地几乎成了副业，农民的主要时间和精力用于打工以增加收入。该村外出打工者的部分土地租种给别人，部分留给自己的父母耕种，一般租种给本村人租金每亩300元，租种给外村人的每亩500元，代耕面积占本村农业生产总面积的40%。也有一些农户一边种田，一边在当地打工。普通农活平均每天100元，打工收入分季节性和技术的高低，比如玉米脱粒每吨40元，水泥匠平均每人每天150元。选择这种生产模式的农户也能满足基本生产生活的需要。

该村有养羊传统，现有专业养羊户2户，养殖规模都在200只左右，养殖方式由以前的以山上散养为主转变为以玉米秆圈养为主，目前该村农户的养殖积极性已经不如从前。主要因为：一是养殖规模和数量达不到标准，享受不了政府优惠补贴；二是农户的资金投入和经营管理跟不上；三是农户承担不起养殖风险；四是老一辈养殖户的思想观念、养殖方式与目前的环保政策有冲突；五是农户认为养殖业的市场行情不稳定，缺乏相应的社会化服务体系。

从对该村的农业农村社会化服务和政策补贴来看，尽管政府也提供了一些农业生产环节的社会化服务，但是与农户想要得到的服务还有一定的差距。调查中发现，本地没有专业化的组织为农户提供最新的、及时的产前、产中和产后环节的服务信息，缺乏相应的保障体系。

该村所在县和镇农技推广中心时常组织农民开展农业生产技术培训，但农户去的很少。一是年纪大的农民觉得没有用，他们认为长期积累下来的务农经验已经够用；二是能听明白的年轻人更看重外出打工挣钱，不愿花时间学习，理由是农业生产投入多、效益低，收入单一，纯农户的人均收入低于村家庭平均收入。

该村无专业合作社，村民觉得需要合作社，但合作社能干什么，有什么意义，不清楚。关于政策补贴，村民从 2006 年开始享受农村的"粮食直补"政策，2017 年该村"粮食直补"的标准是 70 元/（人·年），草原补贴 10 元/（人·年），良种补贴 40 元/（人·年），相对于农业生产的高投入，农户认为这些补贴都可忽略不计。

另外，该地也存在政府推行农业现代化的发展规划与农户的实际种植意愿相矛盾的情况。例如，某一年该地政府大力推广枣树种植，拟实现产业化、规模化连片种植。政府通过免费发放枣树苗和枣苗成活前的种植补贴来说服农户种植，但农户的顾虑很多：枣树生产前、生产中和生产后各个环节的信息服务并没有保证，产量有多少、收入有多高、有需求的市场有多少，也是未知数。农民不愿意，没有积极性，但是政府强制推行种植，农民没有办法，就采取消极对抗的方式来应对，每天对枣树苗"拔苗助长"，最后树苗全死了，政府的种植推广工作也就此完结。

3. 乡村生活服务状况

现在村民的生活水平普遍提高了，但从本地的教育医疗情况来看，农民享受到的服务仍有不足。镇上蔬菜店、水果店、粮油店、饭馆等一应俱全，该村村民认为，他们的基本生活消费也比较方便，随时需要随时购买。每周五是赶集的日子，所需的日常消费品都可以买到，种类多，价格低。本地村民反映最多的公共服务问题是医疗服务问题，认为本地医疗条件有限，医疗设施落后，医生少、护士多，且水平低。

4. 生态环境状况

该村在城镇化和农业现代化进程中也面临生态环境压力持续加大的困境。现在本地农民种地农家肥很少使用，而农药、化肥使用量一直在增加，土壤污染加重，地力下降已是普遍的状况。当地以前种植小麦，一般不用地膜，现在压缩小麦种植面积，改种各种经济作物，为了提高经济效益，都采用地膜覆盖技术，农业生产中所用的塑料地膜几乎不做任何处理，随风四处飘散，来年种植时耕地经过 30cm 深耕和深翻被填埋，这样地膜年复一年地被埋进土里，难以降解，影响农作物根系发育，造成无止境的土壤污染。该镇近几年在土地流转过程中，已将几十年来栽种的很多防护林全部砍伐掉，虽然有利于土地的成片化、规模化、产业化生产，但对于东西北三面被腾格里和巴丹吉林两大沙漠包围的现实条件来说，其将面临严峻的生态挑战。

二　河西走廊临近旅游城市的传统农业村庄

2017 年 7 月，课题组赴敦煌市 B 镇，与镇政府负责人座谈交流，了解全镇基本情况，并深入 b 村进行入户调查，与该村负责人、村民、外出打工者代表进行了面对面访谈和交流。

B 镇距离著名旅游城市敦煌市约 20 公里，位于疏勒河支流党河下游，该地与新疆哈密接壤，周围被大面积的沙漠、戈壁包围，气候干燥，降水少，光照充足，昼夜温差大，土地平坦开阔，祁连山冰雪融水为其绿洲农业提供了便利的灌溉条件，本地自古以来就是河西走廊最西端重要的粮、棉以及瓜果产区。改革开放以来，随着市场化进程的不断深入，B 镇的种植历史经历了由"种粮大乡"到"产棉大乡"，再到"瓜果之乡"的转变。20 世纪 80 年代之前，本地主要种植小麦、玉米等传统粮食作物，农民的粮食生产自给有余，还有部分余粮可外运；到 20 世纪 90 年代，在农业商品化、产业化进程中，该地大量开垦荒地，地下水位不断下降，随之被迫调整种植结构，推行低耗水、高效益的棉花、瓜果等经济作物；21世纪以来，政府又推行归整土地搞条田，实现成片化种植，农民开始选择"随大流"种植方式，就是随市场行情选择种植品种。目前该地每年种植的种类较多且不断发生变化，农业生产的不确定性和成本不断提高。

目前，该镇的土地确权登记工作已全部完成，流转土地数量少，面积小，也存在一定程度的土地抛荒现象。该镇的土地流转主要是在朋友、亲戚或熟人之间的小规模承包，流转给企业、种粮大户的情况很少。主要是因为土地产生的低收益直接影响了土地流转的价格，抑制了农户流转土地的积极性。一些农户自己不种植，也不愿意流转出去，致使土地无人看管而荒芜。课题组重点调查了该镇的b村。

1. b村的城镇化及劳动力转移情况

b村距B镇镇政府所在地2公里，该村有土地1000多亩，人均土地面积3.2亩。20世纪90年代以前，该村劳动力主要从事农业生产，几乎没有外出打工者。随着农业产业化的发展，大量荒地被开垦，地下水位下降，政府开始采取严格的控制农业用水和限制开垦的措施，靠抽取地下水大力发展农业生产的条件不复存在，农业生产成本和市场风险增加，该村农民逐渐开始外出打工，拉开了该村城镇化和农业现代化的序幕。

该村共有村民90户300人，其中15~64岁的劳动力人口为213人，占总人口的71%。全村外出务工人员138人，占劳动力人口的64.8%，其中男性占65.2%。该村从事农业劳动的女性占34.7%，60岁以上的农业劳动人口占26.7%。该村已有55户家庭在敦煌市购买住房，实际居住26户，另有9户随子女居住。该村已有一半以上的家庭主要依靠在城市打工维持基本生活，已经完全脱离了农业生产劳动和农村生活，而这些家庭的父母辈农忙时在农村从事生产劳动，农闲时则在县城打零工补贴家用，也有一些年龄较大的老年人，不喜欢在城镇生活，喜欢在农村守村护院，养一些鸡、羊等，一方面可以丰富个人生活，另一方面还可以丰富城镇年轻人的"菜篮子"。

该村的打工者以青壮年群体为主，因临近旅游城市敦煌市，就业机会较多，该村外出打工者一般都选择离家比较近的地方打工，所以该村在敦煌市区或者周边区域的打工者的比例高达95%，其中在敦煌市区打工者的比例达到89%，其他人一般也都分布在内蒙古、酒泉、嘉峪关等离家比较近的地方。这一是为了方便照顾家里的老人、孩子；二是环境（生活、社会交往群体等）相对熟悉，有熟人介绍，好找工作，风险小，可进可退；三是敦煌市文旅产业（餐饮、宾馆、娱乐、交通）的蓬勃发展为周边农民提供了更多的就业岗位；四是政府为村民提供免费的职业技术、技能培训，让年轻村民很快适应城市的工作和生活。当地政府提倡"只要有劳动能力，都积极进城"。该村接受过初中、高中以上教育的青年学生，因很少接触农业生产，基本不会回到农村。

课题组在调查中发现，其实外出打工者的内心很矛盾，他们认为在农村种田几乎无收入，城里打工干些体力活，挣钱也少，在城市生活成本高，开销大，收入仅能够满足基本生活。同时在城里打工的人越来越多，竞争越来越大，就算找到一份临时工作，也难以长久地干下去，所以许多村民都选择一边干季节性农活，一边在县城打零工。

该村打工者的从业范围比较广泛，有的在建筑公司当工人、司机（铲车、挖掘机）、保安，有的在工业园区修渠、修路、修桥，有的在饭店、宾馆、商场等场所当保姆、清洁工、美容美发工，有的从事机电、汽车维修，有的做些小生意，当快递员等，还有一些在就近的农场干些季节性农活（农作物间苗、打棉花尖、摘棉花、采摘瓜和葡萄）等，其中从事第三产业的人数最多（79.8%），从事第二产业的人数为20.2%。打工者的职业选择比较灵活，受年龄、教育水平的限制，活多钱少，他们只能频繁更换职业。打工时间最长的有4~5年，收入都不稳定，城镇打工者的月平均收入为3000~5000元，季节性农活的平均收入为每天100~150元，但每天工作10小时，保安的平均收入是每月1500~2500元，做小生意平均每月收入3000~4000元，收入都不高，但基本生活可以得到满足。

该村55户家庭在城里购买了住房，房子面积一般为70~100m²，二手房居多，房款主要来自父母多年积蓄（以前农业收入好的时候积攒的）、贷款（农村各种优惠贷款和银行三方联保贷款）、借款（来自亲戚朋友等）、打工挣钱所得（农村季节性农活和县城临时工），大部分房款还是依靠父母从事农业生产所得的辛苦钱，小部分是打工者自己的收入。在城里购买楼房主要有以下用途：一是孩子上学需要，在城里可以接受优质的义务教育以及职业技术教育；二是子女结婚需要；三是子女打工需要，孩子上完学，选择在本地就业；四是方便自己打工，农业收入低，入不敷出，自己有劳动能力，可以选择农闲时节打零工，挣钱补贴家用。外出打工者当中有 10 户租房住，一般租小平房，面积小，条件差一些。

尽管外出打工者的收入不高，但相对于农田收入要高一些，所以该村选择种地的农民越来越少。同时大部分人仍担心自己有一天年纪大了，手脚不灵活，在城市失去基本生活来源，依旧得回到农村去，依靠国家为农民提供的各种民生保障维持基本生活，所以现在拼命打工挣钱，将节省下来的钱积攒起来。总之，随着城镇化进程的推进，该村村民思想观念和行为亦发生了重大变化，在农村生活的人越来越少，就地城镇化让该村村民生活方便的同时，也让他们在城镇和农村之间摇摆不定，这种两栖生活模式也让村落的萧条和衰落随之而来。

2. b 村的农业生产情况

该村有耕地 1000 多亩，人均耕地面积 3.2 亩，均为水浇田，抛荒土地约有 300 亩。主要种植作物有棉花、玉米、瓜类（甜瓜、西瓜）、小麦、向日葵、葡萄、红枣、洋葱、辣椒等。该村现在已经没有统一的种植规划，每户自己决定自家耕地的种植种类、数量等，一般是结合前一年的收益以及各家的实际状况综合考虑。当地农作物许多生产环节基本靠人工。机械化耕作部分主要是土地的深耕、播种。该村土地地块小、不规整是机械化程度不高的主要原因。镇上有 3～5 家本地人经营的农资商店，农户的基本生产资料包括种子、农药、化肥、地膜、生产工具（农机具）等，基本来源于此，货源相对稳定、可靠，大家彼此熟知比较放心，经营者也提供送货上门服务。

该村农业发展存在的突出问题有：一是地块零碎、不规则，种植种类多，农业机械化受到限制；二是农业生产成本不断提高，农民花费在农业生产资料如种子、农药、化肥、机械等上的成本逐年增加；三是该村农业生产必须承受地下灌溉用水的限制和高额费用，无形中也就增加了农业生产的投入成本；四是农产品的市场环境不稳定，农民从农业生产中获得的收入低于投入成本，当地形成了"不种不赔，越种越赔"的顺口溜。以葡萄种植为例，前期投入大，种苗以及设架杆每年投入上万元，且前4年只有投入（物力、财力）没有产出，种植过程基本都是人工操作，需要灌溉的次数多，用水量大，整个生长期需灌溉8~10次，基本上半个月就得灌溉一次，使用化肥的次数基本与灌溉次数一致，一般灌溉前后就施肥，打农药的次数也多〔包括防虫（白粉病）6~8次，膨大素1~2次，拉穗1~2次等〕。另外，想要卖上好价钱，农户就得选择种植商品果，所需要的人力、物力、财力就更多，商品果还要经过严格的筛选，一般种植8~9年后葡萄就不结果了。自然风险加上市场风险，让该村农业的收益非常有限。

该村土地流转进展缓慢，有土地抛荒的现象。土地流转的数量少、面积小，主要是朋友、亲戚或熟人之间小规模的承包或者免费耕种，没有大规模成片流转的土地。该村有1/3的土地抛荒，这些抛荒土地以前种植棉花、玉米以及栽种枣树、葡萄树等，抛荒以后可以看到棉花根部、玉米根部和地膜还留在地上，枣树苗、葡萄树苗已经全部被挖掉。该村有1/4的农户边种地边打工，以种田为辅，主要时间和精力用于打工以增加收入。

该村有养羊的传统，但随着城镇化的发展养殖户逐渐变少了。该村现有规模化养殖户1户，年纯收入6万~7万元，由农户家人经营，养殖技术主要来自农户多年来积累的养殖经验和镇政府技术人员的防病培训，资金来源主要是银行提供的贴息贷款和乡妇联审批贷款，每年可贷3万~10万元，3~5年还清，同时镇政府每年每只羊补贴50元，养殖方式由以前的山上散养为主转变为玉米秆圈养为主。目前该村农户的养殖积极性已不如从前，主要原因有：一是养殖规模达不到标准化的养殖条件，享受不了政府的优惠补贴；二是农户的经营管理不当，影响周围农户的农业生产（因养殖户家里的新鲜草料不够吃，而任其乱啃其他农户的农作物）；三是农户认为养殖业的市场行情不稳定，缺乏相应的社会化服务体系。

该村所在的敦煌市和 B 镇农技推广中心每月组织一次农业技术指导会，但农民在实际生产中遇到的难题并没有得到有效解决，农户急需获得以下技术和信息服务：多样化的种植如何开展，各种农作物的生产情况、价格走势、销售状况如何，农户每年该选种哪种农作物。总之，农户对于农产品的价格、销售等都很迷茫。该村农民更加期盼得到以下服务：一是加强适合各行各业的劳动力转移职业技术培训；二是提供专业化的信息服务，指导农户开展生产，解决农民的后顾之忧；三是有效落实国家政策，农民觉得国家政策好（粮食补贴、土地流转、扶贫政策、惠农政策等），但实际落实下来，农民并没有得到多少好处。

3. 医疗教育状况

目前农户的生活水平有了显著提高，但从该地的教育医疗情况来看，农民享受到的教育、医疗、社会保障等公共服务仍有不足。镇上的日常用品商店、蔬菜店、水果店、粮油店、饭馆等一应俱全，该村村民认为，他们的基本生活、日常消费比以前方便了许多，随时需要随时购买，同时镇上每月的 6 号、16 号、26 号是赶集的日子，所需的日常消费品都可以买到，种类多，价格合理。该村村民对目前的医疗状况基本满意。镇上有 1 所医院，3 家药店，一般的小毛病在镇上自己买药治疗，严重一些的在镇卫生所看病，镇卫生所看不了的到敦煌市医院救治，市医院检查不出来的再到酒泉、兰州、西安等大城市去治疗。该村村民反映最多的公共服务问题是教育。村民认为虽然义务教育阶段上学基本免费，学校有营养早餐、有定点的校车接送，但教育条件有限，加上父母外出打工基本由爷爷奶奶照顾孩子，孩子在农村接受教育学习成绩只会越来越差，这是大部分村民在县城打工购买住房供孩子上学的主要原因，目前该村留在农村接受教育的孩子极少。

三 沿黄地区临近区域中心城市的农业村庄

2018 年 4 月，课题组赴甘肃省白银市 C 镇，与镇政府负责人座谈，了解全镇基本情况，并深入 c 村，与该村负责人、村民、外出打工者代表进行了面对面访谈和交流。

甘肃省白银市是新中国成立初期国家重要的工业基地。C 镇属于白银市白银区，位于黄河上游、甘肃省中部，地理位置优越，北靠剪金山，南临黄河，距离白银市区（全国唯一以贵金属命名的工业城市）23 公里，距离省会兰州约 100 公里，属于省会城市的"一小时"经济圈，交通便利，具有明显的区位优势。该镇位于黄河北岸，绝大部分是山区，山地与平原并存，属于典型的大陆性气候，夏无酷暑，冬无严寒，光照充足，昼夜温差大，黄河沿该镇由西向东流过，水资源丰富，是甘肃重要的黄河上游灌溉农业区之一。21 世纪以前，该镇主要种植小麦、玉米、稻谷等粮食作物，随着城镇化和产业化农业的推进，之后开始大力发展温室大棚（瓜果、蔬菜）、林业、旅游业等，目前作物的种植种类多而且变化频繁，与此同时大量农民开始外出打工。

1. 劳动力转移与城镇化

c 村距 C 镇镇政府不到 1 公里，该村农业用地总面积 1704 亩，包括 800 亩果园，人均耕地面积 1.5～2 亩。全村共有 5 个社 550 户，户籍人口 1585 人。目前，该村一边打工一边开展农业生产的人的比例为 78%，常年外出打工者的比例为 20%，外出打工彻底离开该村的占比为 5.5%，外出打工偶尔回来的比例为 3.8%，还有极少户籍在当地但长期不回来的人。实际居住在该村 15～64 岁的外出务工人口有 400～500 人，其中男性的比例为 70%，从事农业生产的女性比例为 70%，60 岁以上的农业劳动人口占 50%。该村外出打工者的总体比例不高，且男性居多，女性多从事农业生产和照顾家庭，另有一半的老年人仍然从事农业生产劳动，以性别分工和代际分工为主的半工半农生产生活方式特征显著。

该村外出务工人员大多为年轻人，且绝大多数选择离家近的地方。其中在白银打工者居多，比例为 82%，主要是在一家乳制品公司打工，其次是兰州，比例为 12%，去外省的人很少，主要因为离家近，交通方便，可以边打工边开展农业生产，两者可以兼顾，距离白银市和省会城市近的优势让该村的劳动力可以就近实现转移。外出打工者认为城市生活成本高，打工挣钱少，在城市生活不容易，所以必须要兼顾城市打工与农业生产。

该村因临近 C 镇，有条件开展一些自主经营的非农经济活动，实现了农村劳动力的就地转移。该村有 15 户人家在镇上经营百货、服装、电器、农产品和餐饮等，6 家经营运输业，3 家经营农药化肥，3 家经营农家乐，2~3 家是小的包工头，另有 2 家加工门窗，有员工 7~8 名，主要销往白银；有 1 家生产"乡巴佬"卤鸡蛋，已经经营 6~7 年，但现在停业了。这些自主经营的村民，一般都不种地，土地转让给亲朋好友耕种，租费平均每年 200 元。该村的外出打工者有明显支持本地经济发展的倾向。大多数外出打工者能够将打工收入和学到的新技术新理念带回本地用于发展农业生产与本地多种经营，如购买种子、化肥、农药、地膜、灌溉用水等，发展本地运输业、物流业。同时，近年来，外出打工者对于农村的宅基地、居住环境、基础设施、环保意识等有了新的认识，态度发生了变化，以前他们在县城打工，在县城里居住，很少回农村居住，但现在返回到村里重新翻修房子的年轻人逐渐增多了。

2. 农业生产状况

该村有耕地 1704 亩，人均耕地面积 1.5~2 亩。前几年农业收入的主要来源是玉米种植，亩产 2000 斤左右，纯收入每亩 400~500 元。因为玉米易于种植和管理，也就有利于劳动力外出打工。目前该村的主要经济收入来源于苹果、茄子、黄瓜等果蔬种植。该村有农户建造塑料大棚种植蔬菜，每个大棚的年纯收入为 5000~6000 元。

该村有一些农户经营养殖业，年收入可达 5 万~6 万元，最多可达到 8 万元。目前，随着养殖业行情的波动变化，养殖风险增加，加之规模化养殖不仅严重影响村民的生活，而且也影响农村环境整治的成效，如家畜啃食、踩踏庄稼，粪便乱排乱放等，该村养殖业正走向衰落。

该村山地、坡地多，不适合发展规模化农业，农业机械化进程缓慢，小梯田只能用小型农机，平坦土地才能用中型农机。有些农地的路、水、电还没有打通，处于逐渐建设完善过程中。目前该村土地的深耕由专门经营农机的人员提供统一的机耕服务；农田灌溉用水主要来源于黄河水，并且由水务局提供统一灌溉安排，每年灌溉 4 次，每年收取一次灌溉费用，其余的用地下水灌溉，时间、水量、次数由村民自行决定，村委会指定村民集中统一管理集体灌溉设备（水泵等）。白银区农机局负责监督该镇农资商店的经营。该村农民还是认为，土地种植的成本高，希望能将土地流转出去，便于外出打工挣钱；同时也希望能够充分利用该村的区位和资源优势（黄河岸边），大力发展农家乐等旅游服务业。

该村位于黄河岸边，有发展旅游业的一定条件，如建设度假村、农家乐、生态观光园等。2013 年前后该村旅游业呈现向好的发展势头，游客接待量逐年上升，旅游收入成为该村居民的重要来源。但是随着该村以及其他临近村庄农家乐的数量增多，竞争日益激烈。该村以垂钓为主的农家乐、生态园均是农户自主开发，规模较小，投入的资金有限，设备设施简陋，目前已不能满足游客需求，该村旅游产业已处于停滞状态。

该村能够享受到的农村社会化服务主要是政府统一组织的农业生产技术培训，如苹果树修剪，标准化示范基地、试验基地的参观学习等。技术培训的方式有三种：一是针对乡镇技术人员的农业技术培训；二是邀请白银市农业推广技术服务中心的专业技术人员来乡镇对农户进行培训；三是邀请农业院校的专家学者来该镇对农户进行专业技术指导。农户通过技术学习，获得了农业生产的技能和相关知识。但是该地农户认为他们仍然缺乏指导生产、培育市场、拓展市场等方面的信息和技术服务，仍然不能有效解决普遍存在的农业增产不增收的矛盾和问题。

3. 乡村生活及教育状况

现在村民的生活水平普遍提高了，但该村农民享受到的教育、医疗、社会保障等公共服务仍有不足。镇上日用品商店、蔬菜店、水果店、粮油店、饭馆等一应俱全，该村村民认为，他们的基本生活消费比较方便，可以做到随时需要随时购买。教育和医疗等公共服务仍然是该地村民十分关注的问题。该镇共有 2 所小学，属于寄宿制学校，学校有 200 人左右，学生上下学有校车接送，很方便，但是有些家长为了孩子能获得更加优质的教学条件与资源，选择送孩子去白银市上小学，所以本镇小学的学生也呈现越来越少的状况。村民反映大部分公派教师家住在白银市区，一般都是按时上班，放学就回城里，老师对学生的关注度很有限。镇上有中学一所，初中部每个年级 90 人，每个班 30 人，有 3 个班。以前该中学有高中部，但学生太少，基本每个班级只有 7～10 人，因为家庭条件好一些的、重视教育的人都将孩子送到白银市上高中了，学生越来越少，好的教师也流失了，教学质量下降，2017 年学校撤销了高中部，现在该镇的高中学生都在白银市上学。

四　秦巴地区有特色产业的山区村庄

2017 年 3 月，课题组赴甘肃省天水市秦安县 D 镇，与镇政府负责人座谈，了解全镇基本情况，并深入 d 村进行入户调查，与该村负责人、村民、外出打工者代表进行了面对面访谈和交流。

D 镇是甘肃省天水市秦安县下辖镇，由 D 乡改为 D 镇，位于甘肃省东南部，天水市之北，距秦安县城 42 公里，距天水市 101 公里，距甘肃省省会兰州市 351 公里。该镇地处天水、定西、平凉三市的交界处，属于陇中温带半湿润气候，气候温和、日照充足，降雨量较少。该镇位于陇中黄土高原西部梁峁沟壑区、渭河支流葫芦河下游，梁峁起伏，沟壑纵横，80%的耕地为水平梯田。葫芦河四大支流之一的显清河 1/5 的河段流经该镇，但农业用水全靠雨水，只有少量的河水灌溉地，20 世纪 90 年代以前主要种植粮食作物，2000 年以后以种植苹果为主。

D 镇是秦安县第三大乡镇，地处静宁、通渭、秦安三县交界的特殊地理位置。所产水果品质好，20 世纪 90 年代以来主要发展苹果、桃等特色产业。苹果品种有水晶富士、美国蛇果、黄元帅等，产品远销全国甚至东南亚、韩国等地。除此之外，该镇还种植玉米、糜子、谷子、胡麻、油菜等。课题组重点调查了 d 村。

1. 劳动力转移状况及特点

d 村劳动力转移和农业经济发展的一个显著特征就是有特色优势产业。d 村是隶属于秦安县 D 镇的一个自然村，总耕地面积 600 亩左右，人均耕地 2 亩（按 20 世纪 80 年代分地时的情况，当年人口有 300 人左右）。全村有 80 户人家，每户平均 4～5 口人，村里实际居住 300 多人，其中 15～64 岁的劳动力人口约占总人口的 50%。外出务工的劳动力人口有 78 人，占劳动力人口的 52%。打工者以男性居多，所占比例为 53%。从事农业劳动的女性占 49%，60 岁以上的农业劳动人口占 10%～15%，全家无外出打工者的户数占全村总户数的 1/3。全家人一起外出打工的农户极少，大部分家庭是年轻人外出打工，老人在家。该村家家户户都种植苹果，全村 1/3 家庭的主要劳动力在家务农，因为果园需要人常年照料，而且收入比外出打工多。

该村的外出打工者主要从事维修、送货等工作，也有做小买卖经商的，如摆摊卖啤酒、开饭馆等。在甘肃省内打工的占大部分，出省的占小部分，打工地大多选在兰州，有少部分在秦安县城、天水市区。有两代人的家庭，一般是年轻一代外出打工，老一代人留在家中务农。该村打工者大多选择离家比较近的地方打工，主要是为了照顾家人并且可以随时回家帮忙种植苹果。

2. 农业生产状况

该村可耕地面积有 600 亩左右，80% 是水平梯田，该地属于人口密集区，没有荒地可以开垦，也没有抛荒情况。20 世纪 90 年代以前该村以粮食种植为主，90 年代末期，发现苹果有销路，并且价格不断提高，能赚钱，村民开始在自己的承包地里种植苹果，种植面积不断扩大，2000 年以后家家户户已经以种植苹果为主了，全村耕地面积的近 70% 为苹果园。为了方便种植苹果，一般 6～7 户的耕地块块相连。该村没有流转土地，也没有大片土地被承包的现象。水是种植苹果的重要条件，但该地种地用水基本靠下雨，只有少量耕地可以灌溉。刚开始种植苹果时地下水较多，一年可以灌溉 2 次，现在地下水减少，平均一年只能灌溉 1 次。该村村民大部分不种小麦，粮食主要从市场购买。近两年全村种小麦的只有 15 户左右，每家只种 2～3 亩，主要是用来自己吃。大规模发展的特色产业已经与保持地下水资源之间产生了矛盾冲突。

目前该村的农作物种植的许多环节基本实现了机械化，小型农业机械很普及，每家每户多用微耕机耕地、除草、施肥。微耕机价格一般在五六千元至1万元。全劳动力在家的农户至少有三四种机械，包括微耕机、摩托车、三轮车。全村有10户左右的打工者家庭和做小生意的家庭拥有小轿车，他们除自用外也拉人拉货挣钱。农户的基本生产资料包括种子、农药、化肥、地膜、生产工具（农机具）等，大多可以在镇上私人经营的农资商店得到满足。

该村大多数农民的种植过程自己全部负责完成，如苹果戴套、剪枝、施肥、喷农药等。个别苹果种植面积大的农户，也会雇用本地人。剪枝是苹果种植的一项重要技术，全村80%的农户自己会剪枝，只有20%的人家需要雇人。一方面因为雇人剪枝工价高，按天结算，每天需支付200元的费用不说，还要管吃管喝管烟管酒等，一般家庭承受不起；另一方面在剪枝时节，村民之间可以相互交流，不用找专业技术员来剪，农民认为自己剪和找专业人员剪并无区别，一般从冬至到过年后的1~2个月陆续剪完，其间也是农闲时期。苹果树每年平均施肥两次，现在农家肥施得很少，以化肥为主，施肥工作都是农户自己干；农药每年喷洒6~7次，属于小技术活，农户也都是自己干。该村主要种植品种是红富士，一代苹果树生长期为20~25年，8~10年为挂果期，10~15年为苹果旺产期，如出现树枝腐烂、品种退化、果型不好等情况，就需要淘汰，种植新树。

因为本地苹果品质优良，具有一定的品牌效应，目前该村的苹果销售一般比较顺畅。苹果收获时，外面的客商很多，村民不用外出销售，陕西、河南、新疆等地的客商会到村里来收购，也有客商提前签下订单，只要苹果品质好，销路不存在问题。该地有人从事"代办"工作，即中间协调人，主要在收苹果的商人和卖苹果的村民之间协调解决各种事务。"代办"的收入相对种植户较高，一单买卖成交，要从买卖双方中收取提成。"代办"一般是年龄在30~40岁，具有高中文化程度的中年人，这些人思维活跃，擅长人际交往，一般不外出，平常在家种植苹果，每年在秋冬苹果销售季节做中间人挣钱。如果当年价格偏低，也有一部分农户会将苹果存入镇上的冷库，同时也有人在苹果价格较低时购入苹果放入冷库，等待有利时机再出售。

该村一亩地一般栽种 40~50 棵苹果树，地与地之间的收成差距也很大，年收入 1 万~2 万元的农户占全村总户数的 1/3，年收入 3 万元左右的农户占 40%~50%，年收入在 5 万~6 万元的农户有 5 户，属于少数，有 3 户承包了他人的土地种植苹果，年收入能达到 7 万~8 万元。现在该村 2 人在家种植苹果的纯收入远远超过 2 人外出打工的收入。苹果种植业已经成为该村的支柱产业。

该村也有个别农户进行多种经营，种植苹果兼养殖，卖仔猪并育肥，无须外出打工，年收入也可达 3 万元。

该村所在县和镇农技推广中心不定期组织农民举办农业生产技术指导会，参加者有但不是很多。该村农户对种植技术指导服务的需求较少，一方面是为了减少费用支出，另一方面是因为只要有一个村民学会了技术，其他农民就可以通过模仿、互相学习掌握。与此同时，现代化的农业机械设备给农户带来了极大的便利，也让农民的辛苦程度大大减轻。该村的农户希望能有更好的机械设备用于农业生产。

国家政策鼓励农民开展适度集中、规模化种植，将土地转让承包出去，农村剩余劳动力转移到城镇就业。对于土地流转此类的问题态度和看法，也因人而异，劳动力少而土地多的农户持支持态度，希望把土地承包给别人，开展合作社经营，而劳动力多的农户持反对态度，希望自己种植，自己从事农业生产。

3. 乡村生活及医疗教育情况

据该村村民反映，现在农户的生活水平普遍提高了，但享受到的教育、医疗等公共服务仍有不足。镇上蔬菜店、水果店、粮油店、饭馆等一应俱全，该村村民认为，他们的日常生活消费比较方便，随时需要随时购买。他们反映最大的公共服务问题是医疗服务，村民一致认为本地乡镇医院的医疗水平越来越差了，20 世纪 70 年代的医疗服务好、技术水平高，本地的乡卫生院还出过省级名中医，曾经是甘肃省的红旗单位，现在好的医生都走了，本地严重缺乏医疗卫生人才。

教育问题也是群众十分关心的问题。该村村民认为本地的教育发生了巨大变化，D镇地处三县交界（静宁、通渭、秦安），长久以来人口密集，现在大约有3万多人。该镇从清朝时就有私塾，民国起就有学校，在甘肃天水属于教育发达地区，当地走出去的人才很多。在以城镇化为中心的发展模式下，教育资源一刀切地向城镇集中。该镇的学校建设得很好，教室、操场的建设水平不亚于城市，小学、初中、高中都集中在镇上，距离村庄也近。3年前，该镇唯一一所历史悠久、基础好、生源具有一定规模，教育质量高，且在本县有一定名气的高中学校被硬性撤销，合并到秦安县城。村民认为教育城镇化"一刀切"的做法，不适合本地实际。一是严重影响村民生活质量。现在一个高中生至少需要一个家长去县城陪读，农民生活成本陡然提高。农民本来可以在自家院中自在地生活，现在却要在县城租一间小屋局促安生，如果孩子要在县城上小学、初中、高中，那农民的开支就成了"无底洞"，有几个孩子需要上学的，只能"一走全都走"，原本在农村生活的一家人，被迫分开了，父亲留在家种植苹果照料田地，母亲去县城照顾孩子生活学习，收入在不断减少，开支却成倍增加，教育资源的城镇化严重影响了农民的生活质量和家庭幸福。二是合并办学后教学质量并没有显著提高。D镇中学被合并后，原学校的老师也合并到县城，教的仍然是D镇的学生，只是换了一个地方，教学质量没有提高。对于原来的初中、小学教师来说，工资收入大大提高，能够在县城购买住房，拥有私家车，只是按时按点到镇上学校来上课。以前的老师住在学校，能专注于教学，现在的老师踩着点来上课，用心的程度大不一样，乡村教育质量的下降就成为必然。农户希望提高乡镇的教育质量，解决一家人分隔两地以及教师的问题，建议开设学校食堂，既能提供就业岗位，又可以加强对学校的监管。三是一所高中的撤销严重影响了该镇经济的发展，少了很多学生及家长的消费，致使乡镇的繁华程度不如过去。

4. 乡村生态环境状况

该村在城镇化和农业现代化进程中也面临生态环境压力持续加大的困

境。村民们认为，在推进农业现代化的过程中，虽然现在村村通公路方便了日常生活，但是植被明显减少了。以前乡上有林场，有专人看管，山沟里树木繁多，到 20 世纪 90 年代土地承包到户后，树木逐渐被砍光，许多林地成为荒地，再开荒种地就会造成水土流失，到现在一些山谷里完全没有了水。当年有生产队时，每年都有植树造林活动，实行包产到户后此类活动再也没有了。另外，现在农药用量大、次数多，相应病虫害也更多，形成了恶性循环。如果不按时喷洒农药，苹果的果型就长不好，也卖不到好价钱。当下农业的现代化进程与生态环境保持之间已经产生了严重冲突。

五　秦巴地区自然条件严酷的山区村庄

2018 年 5 月，课题组赴甘肃省陇南市西和县 E 镇，与镇政府负责人座谈，了解全镇基本情况，并深入 e 村进行入户调查，与该村负责人、村民、外出打工者代表进行面对面访谈和交流。

E 镇隶属于甘肃省陇南市西和县，距县城 25 公里。其西面和定西市、甘南藏族自治州相依，北面与天水市接壤。该镇 550～4200 米的海拔落差形成了复杂多样的地形结构，河谷、盆地、丘陵和高山交错并存，山高沟深，沟壑纵横，森林覆盖率达 80%，四季寒冷，自然条件恶劣，是典型的阴寒山区。E 镇河流密布，水源充足，有白龙江、嘉陵江、西汉水、白水江四大水系，是周边缺水地区调水的水源地，是典型的西北山区农业区，主要作物有冬小麦、大豆、玉米、谷子、高粱、甜菜等，并且旱、涝、雹等自然灾害频繁，农业生产、作物种植严重受限。加之受地理条件限制，该镇道路崎岖，交通不便，经济社会发展水平十分低下，是秦巴山区的特困地区之一。

E 镇有 3 个行政村，均位于大山深处。为了反映该地的实际发展状况，课题组重点调查了 e 村。课题组调查的大体情况表明，该村发展农业生产困难，城镇化进程十分缓慢。

1. 基本情况

e 村距离成县县城较近，10 公里左右，一般 20 分钟就可以到达，距离西和县县城 30 多公里。一方水土养一方人，该村位于阴寒山区，自然条件艰苦，山高沟深，居民分散居住在四周的半山腰里，因为一年四季都寒冷阴湿，所以当地人养成了一年四季都烧热炕，用火盆取暖、做饭的生活习惯。该村最大的优势是森林覆盖率高、水资源丰富，目前清冽甘甜的山泉水已经通到了各家各户的院子里。该村的房子全部是木质结构。村民也不缺烧炕、取暖用的柴火，因为该村树木多，光靠捡树枝就可以满足村民做饭取暖的能源需求。每年 4~5 月附近山上野菜种类和数量很多，但该村可耕种的土地少，且土壤贫瘠，气温很低，村民只能选择在山上开垦一些土地，种植一些冬小麦、土豆等农作物，但产量和质量都不高。该村农户家里有电视机、洗衣机的很少。

该村耕地有 1300 多亩，人均 1 亩多一点，多为土壤贫瘠的山坡地。20 世纪 90 年代以前，该村种植的粮食作物几乎无法解决农民的温饱问题。随着国家扶贫力度的不断加大，村民生活水平才逐渐有所提高。该村实际居民有 205 户，户籍人口 946 人，还不包括部分黑户，有许多超生人口没有户籍，该村实际居住的人口更多。该村有近 1/3 的农户（70 户）家里有智力缺陷人员，这部分人群基本没有劳动能力，有的还需要专人照料。该村因为山高沟深，经济落后，基本处于"进不去，出不来"的封闭状态，大多数男性娶媳妇困难，近亲结婚成为不得已的一种选择，该村有智力缺陷的人口多可能与此有关。

2. 劳动力转移状况

该村 15~64 岁人口中，长期外出打工者有 200 多人，约占适龄劳动人口的 20%，且男女比例均等。从该村的劳动力结构来看，虽然家家都有外出打工者，但是总体比例比较低，主要是因为交通不便、信息闭塞、思想保守。该村外出打工者以中青年为主。其中，长期外出打工者的比例为 58%，大多在浙江、深圳、新疆等地，每人每年纯收入 1 万元左右；约 4% 的人在成县县城打工，主要是因为打工地离家近（只需要 20 分钟），方便照顾农业生产和家人；约 6% 的人在村里打工，主要从事村里的道路硬化、整治河道等工作，平均每人每天 100 元；目前该村开展自主经营的农户逐渐增多，出租车达到 8 辆。外出打工者主要从事服务业，如餐饮、娱乐等，还有季节性去新疆摘棉花的，每天 150 元。该村很少有农户彻底离开农村。

该村明显表现出"越是贫困地区，越愿意生孩子，结婚彩礼也越高"的特点。农村本来就存在男多女少的状况，随着城镇化的发展，女性逐渐从农村流向城市，女性在农村更加稀缺，男子娶媳妇也就更加不易。该村 30 多岁找不到媳妇的人大约有 30 多人。该村的女性结婚生育都早，女性 30 多岁就已经生育 4~5 个孩子的是普遍现象，而且许多孩子没有户口，成为"黑人黑户"。

3. 农业生产状况

该村耕地有 1300 多亩，人均 1 亩多，多为土薄石厚、有机质含量低、产量不高的山坡地。该村农业基础薄弱，农业经济收入的主要来源是林业和药材种植，一般粮食作物（小麦、玉米、马铃薯等农作物）产量很少，很难维持基本生活。受地理环境及经济条件限制，目前该村农作物种植的许多环节基本靠人工，如播种、灌溉、除草、施肥、打药、收割等。该村山高沟深水多，村民居住分散，交通不便，信息闭塞，当地资源无法有效得到开发利用，山区特色农副产品外销的制约因素也很多，对该村的扶贫工作难度极大。

该村森林覆盖率在 80% 以上，目前林地划归个人管理。该村村民享受到的政策补贴：一是低保，该村有 100 多人享受政府的低保政策，一类每年 3300 元，二类已经停了；二是危房改造，2015 年政府为每户出资 2 万元，帮扶单位出资 3 万元，共 5 万元，对河道两侧 30 户村民的危房全部进行了改建；三是退耕还林，政府一次性每亩补助 500 元，全村退耕还林 1300 多亩，实际上村里仍然还有少量耕地。

国家开展对口帮扶工作以来，帮扶单位时常邀请有关专家对当地农民进行技术培训，如养殖技术、药材种植技术等。目前该村有 30 户家庭加入养蜂合作社，2户加入了黑山猪养殖合作社，专业合作社的资金主要来源于帮扶单位争取到的扶贫资金。以前树林下散养黑山猪，因严重污染环境，目前已禁止散养，而以圈养为主。针对该村的技术培训的总体效果不是很显著，主要是因为大多有劳动能力的年轻人都外出打工了，留在农村的主要是有智力缺陷者、老年人、妇女等，这些人群接受技术培训有一定的困难，培训进展缓慢，培训效果不显著。

该村村民很容易满足现状，都渴望得到政府的救助补贴，老年人极不希望离开自己的家乡，也没有能力离开，年轻人希望出去，但是因为文化程度不高出去打工收入低，也没有能力帮助家庭彻底改善生活状况。该村村民最发愁的两件事，一件是娶媳妇，另一件是盖房子。

4. 公共服务状况

通过国家政策的支持、帮扶单位的努力，现在村民的生活水平有所提高，但从该村的情况来看，农民享受到的公共服务仍有不足。该村村民反映最强烈的公共服务问题是基础设施建设滞后。如网络传输信号差，基本无信号。该村另一个突出问题就是教育，因思想观念落后，村民教育观念很淡薄。该村有一所小学，现有学生150多人，辍学率比较高。村里的年轻人能够完整接受九年义务教育的人并不多。

第五章　"两化"良性互动的国际经验

　　城镇化和农业现代化是一个国家或地区推进和实现现代化进程必然面临的核心问题。21 世纪以来，在国家区域协调发展战略的推动下，随着工业化进程的加快，西北地区新型城镇化和农业现代化进程加速，但由于经济基础长期薄弱，二元经济结构性矛盾突出，新型城镇化和农业现代化良性互动仍然存在着协同发展滞后和体制机制不健全等突出问题，构建城乡互促共荣融合发展机制迫在眉睫。探究先行国家"两化"互动的实践经验，也是探索西北地区"两化"良性互动可行道路的重要环节。在 200 多年的现代化进程中，发达国家根据各自的国情和资源禀赋，形成了各具特色的"两化"互动模式。其中美国两化协同推进模式、日本城乡平行发展模式和德国均衡协调发展模式均具有一定的代表性，参照它们的实践经验，有助于我们更清楚地认识西北地区"两化"互动中的问题、不足及制约因素。

第一节　美国——"两化"协同推进模式

　　美国农业现代化与城镇化相互助力，走过了从以农业现代化为先导促进城镇化发展，到城镇化加快发展进而有力支持和反哺农业的历程，二者的互动发展主要得益于优越的自然条件，国家高额补贴等大力度政策支持，对外扩张下的广阔市场空间，以及农业、工业、科技、城镇化等相互累积循环产生的传导机制等。

一　农业资源禀赋为城镇化发展奠定了重要基础

美国是以农业起步的资本主义国家，三面环海，耕地资源丰富，大部分区域属于温带大陆性气候和亚热带气候，温暖湿润，密西西比河和五大湖为农业灌溉提供了充足的水资源，因此有着良好的农业生产条件。美国人地关系的特点是地广人稀，这使它非常适合发展以规模经营为特征的大型农场，而以平原为主的地形特点和规模经营又非常适合农业机械的广泛应用，加之劳动力稀缺下农业劳动力价格高昂，农场主有强烈的意愿用科技和机械等对劳动力进行广泛和深度的替代。优越的农业自然资源禀赋、宽松的人地关系、强烈的农业机械化发展动因形成了其农业现代化发展的基本条件，使美国人均粮食拥有量由 1870 年的 2164 斤提高到 1910 年的 2464 斤，为推动城镇化发展奠定了重要基础。

二　城镇工业革命为农业技术创新提供了物质条件

美国在建国初期，农业生产工具还十分简陋，主要靠广种薄收、轮作维持地力来发展生产。由于劳动力严重不足，加之"西进运动"使大西洋沿岸各州农业劳动力流失，劳动力工资成本持续上涨，迫使农业工具加速改良。19 世纪 50 年代美国已能批量生产世界上最好的耕犁，大大促进了拓荒垦殖。19 世纪末打谷机、轧棉机、收割机等农业机械被发明出来，并逐步推广应用于美国的农业生产中。20 世纪初开始，以内燃机为动力的农业机械在美国农业中被大力推广，到 40 年代美国农作物和主要蔬菜的生产过程都实现了农业机械化，大大节省了人力投入，显著提高了农业生产效率。之后一直到 70 年代，美国农业生产全面引入最新的科技成果，农业技术装备更加丰富多样和先进有效，农业机械化发展更加成熟，应用更加广泛，甚至设计和制造出了满足精细作业要求的自走式联合收割机等农业机械，这显著降低了农业生产的时间成本、人力成本和资金成本，明显提高了农业劳动生产率和农业经济效益，农业综合生产能力大大提高。此后，美国政府又为各州划拨经费设立农业实验站，配备农业技术推广人员，大力研发生产和推广使用生物化肥、农药等，并推动基因工程、细胞工程、发酵工程等生物技术在农业生产领域的应用，引入现代经营管理制度和管理技术手段，构建研发与生产一体化农业科技服务体系，显著提升了农业综合生产能力，为美国带来了巨额的经济利益。在经历了农业机械化、农业化学化、农业生物化以及农业管理现代化后，农业成为美国极具国际竞争力的资本技术密集型产业，美国率先实现了农业现代化。

三 农业劳动生产率大幅提高为剩余劳动力流向城市创造了必要前提

在农业现代化发展伊始，美国的农业劳动力非常紧缺。随着农业新技术不断研发和新机械装备广泛应用，高效的农业装备不断替代低效的人力劳动，农业生产对直接从事农业劳动的人力需求明显减少，一部分农业劳动者从土地中解放出来。一方面，农业社会化服务体系的不断完善，使得对服务于农业产前、产中、产后的非农劳动者需求大幅提升，由此产生了大量非农就业机会，另一方面，工业化和城镇化的发展也为农业劳动者流向工业和服务业创造了条件。而同时，由于美国基本没有设置阻碍人口流动的制度，人们可以自由选择就业地、居住地，这就为农业劳动力自由转移和流动奠定了基础，也为农业剩余劳动力流向城市创造了条件。

四 农业现代化经由工业化从供给端和需求端双向促进城镇化发展

农业现代化过程中生产的农产品为工业化提供了初级原材料，出口创汇增强了工业资本实力，为城镇化发展提供了牢固的基石。美国工业化发展初期，以面粉业、肉类罐头、棉纺织业、木材加工业等轻工业为主导，轻工业总产值中农业原料所占比重超过60%，在整个工业中所占比重超过40%，为工业发展提供了重要的初级原材料。美国农产品出口量很大，1860年美国的农产品出口占到总出口量的80%。19世纪末，美国由主要输出棉花、小麦、羊毛等原料，转向主要出口工业制成品，虽然随着工业品出口增加，初级农产品占比相对下降，但 1910 年仍超过 50%。农产品出口为工业化进而为城镇化发展积累了雄厚资金，用此换回了很多本国发展急需的高端装备、战略性资源和紧缺原材料等，而且换回了多元化的日用消费品。

美国农业现代化发展为工业化发展提供了广阔的市场空间，同时也激发了非农产业的发展，由此创造了更多的非农就业岗位，促进了城镇化发展。19 世纪中后期农业机械的迅速推广应用，以及不断升级的细分化农业装备需求，大大促进了农业机械制造业的发展；提升农产品附加值的诉求，促使适用不同农产品精深加工的机械设备不断地被研发生产出来，也推动了食品饮料加工业、皮革鞋帽业、轻纺织工业、生物化学工业等的发展；农产品产量的提高和市场的扩大，对于生鲜农产品保鲜储存设备的需求、高效交通运输工具的需求、产前产中产后服务的需求等持续扩大，激发了以农业为核心的产业体系的发展。

随着美国工业化发展和西部地区的逐步开发，美国城镇化水平从 19 世纪 90 年代初的 35.1% 快速上升到 20 世纪 70 年代的 73.5%，进入高度城镇化社会，之后城镇化进程有所放缓。20 世纪 90 年代以来，美国城市边缘的郊区加快开发，边缘地带逐步发展起来，至 2011 年城镇化水平进一步达到了 82.4%。

五　城镇化经多途径从供给端和需求端双向促进农业现代化发展

城镇所具有的产业优势和科技、人才、教育等资源优势，又为农业现代化发展提供了农业生产装备、农业生产技术、农业社会化服务、农产品加工、农业信息服务、农产品物流等要素条件，大大促进了高质高效和可持续的现代化农业发展。同时，城镇化的发展必然意味着城镇人口的集聚，以及工业生产者收入水平的提升，它不仅提升了居民对农产品的消费品质和消费层次，而且随着消费观念的变化，新消费需求（如生态农业、生物制药、皮革纺织精细化加工）不断涌现，为现代农业发展提供了广阔的市场空间，倒逼农业向更高水平发展。

美国有效融合城镇、生态和农业功能，发展"市民农园"取得成效。在城镇化过程中，美国政府积极优化城镇生态环境，非常重视人们对城市绿地的多功能需求，其中最有代表性的就是城市中"市民农园"的大规模发展。市民农园是由市民共同种植具有食品安全保障的蔬菜等食用植物的场所，不仅能在一定程度上为居民提供新鲜的蔬果，为他们提供亲近自然和休闲健身的场所，更为重要的是其大幅提高了城市的绿化率，减少了园林维护的人力与资金支出，优化了社区生态环境，对美国经济社会、生态文化和居民生活等产生了深远的影响，由此助推了美国绿色生态城镇体系的建设。①

六 国家构建全方位支持农业现代化发展的制度体系

美国作为由农业起步的资本主义国家和农产品生产与出口均占据主导地位的世界强国，长期以来都非常重视农业的发展，从提供法律规范保障、实施农业高额补贴、给予农产品价格保护、发展农业信贷和保险等方面全方位促进农业现代化发展。

1. 法律法规规范

美国充分认识到农业对于一国发展的重大战略意义，因此早期就对农业给予了高度重视，在制度层面通过立法维护农业经济发展地位，通过不断完善支农资金、职业农民、农业技术、农业社会化服务等方面的支持保护制度，有效保障了农业现代化发展。美国于1862年设立农业部并颁布了3个开启美国农业现代化进程的法案，即《农业组织部法》、《宅地法》和《莫里尔赠地法案》，1933年颁布了《农业调整法》，此后美国逐渐形成了城镇反哺农村，以保护和支持为宗旨的农业政策体系。上述这些法律制度的内容几乎涵盖了农业生产的方方面面，如农产品价格支持、农业直接补

---

① 田瑞霞、王烽：《中外农业现代化与城镇化的比较研究》，《世界农业》2016年第9期。

贴、农业生产收入扶持、农民职业技能提升、农产品国际贸易保护以及农村社会发展等，这些法律法规从制度上有效优化了农业发展的人、财、物、技术等环境条件，为农业现代化发展提供了稳定可靠的制度环境，稳定了农民的发展预期和信心，大大促进了农业现代化的发展。

2. 农业高额补贴制度

美国对农业实行的补贴有很多种，补贴力度也很大，这实际上也是非农产业对农业进行反哺的体现。美国根据过往土地单产和种植面积，对生产者提供农业直接补贴，覆盖小麦、饲料粮食、大米等众多农产品。美国还对农业生产者提供反周期补贴，如果某个等级奶的月度价格低于确定的价格，还按月给奶制品生产者提供损失补贴。美国允许生产者在市场价格低于贷款本息之时，以市场价格偿还，从而为生产者带来一种被称为"交易贷款收益"的好处。美国还通过对出口农产品给予价格补贴，努力降低农产品出口价格，提高出口市场竞争力。[①] 此外，美国还实施特别灾难援助，对于因发生恶劣天气或处于不利经济形势的农业生产者给予一定的经济补偿。当然，美国政府对农业给予保护和补贴政策时也具有一定的导向性，比如将资源环境保护作为获得支持的前置条件，通过制度框架的规范，引导农业生产者以保护生态环境为前提，选择适当的农业现代化发展道路。

3. 价格保护支持制度

为了促进美国农业特定行业，如乳制品业的发展，以及维护农场主经济利益和生产积极性，政府通过采购严格控制牛奶供应量，尽最大可能确保用于生产黄油、干酪或者脱脂奶粉的原奶价格与瓶装奶政府支持价格一致，支撑和稳定奶制品市场价格。为了对国内农产品提供价格支持，促进国内农业发展和市场竞争力提升，以及更好地满足国内居民的消费需求，美国通过关税限制低价农产品的进口，对奶制品、甜味剂和烟草实施较高的进口关税，对糖、花生、牛肉、棉花、奶制品等实行关税配额。

---

① 霍子俊等：《美国现代农业发展及借鉴》，《中国经贸导刊》2008 年第 3 期。

4. 农业信贷和保险制度

美国现代农业发展有着政策金融、商业金融、合作金融等多元化的金融体系的强大支持。为了使农业尽早摆脱弱势地位，美国农业金融发展早期得到了政府资金的大力支持，其政策金融的信贷资金基本都来自财政拨款，特别是美国联邦土地银行的最初股金中，有80%都是政府拨款。而随着农业发展水平的提高和农业金融的成熟，美国农业金融以市场机制为主导，形成了以政策金融为基础、以商业金融和个人信贷为主体、以合作金融为辅助的庞大体系，对美国现代农业的发展起到了至关重要的作用。

美国政策金融有着较强的政策性投融资功能，主要为增强农业发展基础（如农业基础设施建设、农业灾害贷款、农业污染治理贷款等）而提供中长期低利率贷款。美国大多数商业银行为农业发展提供信贷服务，这些商业银行网点广泛分布在大小城镇，深入覆盖到各个乡村，不但银行能与农民密切接触，准确把控信贷方向和信贷风险，直接提供中短期贷款，而且农民也能由此获得及时有效的信贷服务，进而更好地大规模发展现代农业。美国合作金融机构由农业信贷管理局统领，主要由联邦土地银行、联邦中期信用银行、合作社银行组成，它们以普及金融知识，帮助无力获得商业金融服务的低收入家庭增强风险意识和理财能力为主要目的，运作过程是吸收社员入股、吸收社会存款，并将剩余资金存入上级部门作为储蓄性股份，上级部门再通过投资、贷款、存入中央信用社等使资金运转起来。

美国政府重视通过完善保险制度使农业生产者规避自然和市场风险，并以《联邦农作物保险法》为基础，逐步形成了完备的农业保险体系。政府通过给农业保险机构大量保费补贴，使农业生产者能以较低保险费率普遍参加农业保险，万一农业单产或者农业生产者收入低于平均水平，他们就能够从保险机构获得损失赔偿，这大大提升了农业生产者的积极性和生产信心。

5. 高财政投入改善农业生产要素条件

美国在农业现代化发展过程中，将大量的财政资金投入到生产要素提升和基础设施改善中，大大强化了资本、科技、机械化对人的劳动的替代，明显提高了农业劳动生产率，显著提升了农业的投入产出水平。20 世纪 80 年代，美国每年财政投给农业的资金都达到 350 亿美元，是对工业投资的 1.2 倍；90 年代甚至增加到了 500 亿美元，仅次于国防开支。① 美国政府对农业的重视程度和财政投入力度可见一斑，财政资金投入的实际成效也是有目共睹的。

夯实农田水利电力建设基础。19 世纪 60 年代后，美国兴建了很多大型水利工程设施，农业灌溉面积增长了约 30%，对于水利设施的投资也不计入用水成本，旨在降低农业灌溉成本。20 世纪 30～60 年代政府投资近 90 亿美元进行农业基础设施建设，大规模平整土地，并大兴水利灌溉工程，近 700 万农户从中受益。② 农户还将电力广泛用于农田灌溉、农产品加工及储运等领域，大大提高了农业生产效率。

6. 强化职业农民的培育

美国非常重视农村基础教育的发展，联邦政府与州政府共同保障了农村公立学校的经费，给予私立学校一定的补贴，为职业农民的培育奠定了良好的基础；美国政府还很重视发展农业类高等院校，1862 年出台了《莫里尔赠地法案》，除培育现代农业发展所急需的高素质农业技能型、经营管理型、专业型和复合型职业农民外，教师们还围绕农业生产实用技术难题开展攻关研究，这都为农业现代化发展提供了良好的人力资本条件和技术支持。

7. 高效便捷的综合交通网络体系助推了农业现代化和城镇化发展

美国早期外来移民主要来自欧洲，由于美国东部沿海是欧洲移民最便捷的登陆地，因此借助海洋运输线的带动，美国东部成为其早期城镇集中分布地，之后随着美国国内水运、铁路、公路网的建设和完善，城镇呈现出沿各类交通线分布的特点。美国内陆水系较为发达，在蒸汽船出现后，

---

① 何平均：《国外"三化"同步发展的道路设计、典型经验及借鉴——以美、日、韩为例》，《当代经济管理》2012 年第 2 期。

② 何平均：《国外"三化"同步发展的道路设计、典型经验及借鉴——以美、日、韩为例》，《当代经济管理》2012 年第 2 期。

以货物运输为主要功能连接河湖的运河加快兴建，促进了城镇沿河沿湖的分布发展。19世纪末，随着美国铁路交通快速发展，逐步形成了包括西部和中西部地区在内的全国铁路交通网络体系。1920年，美国铁路里程已超过欧洲各国总和，不仅促进了其工业化的发展，更推动城镇在铁路沿线加快发展。20世纪初，汽车产业迅速发展，成为便捷和个性化的交通工具，大大推动了美国公路建设进程。发达的交通运输网络的形成不仅使美国克服了大城市病，出现逆城市化现象，形成人口低密度、经济高水平的城市郊区化特色成为可能，城市空间布局更加均衡，缩短了城乡之间的空间距离，而且使西部和内陆腹地的生鲜农产品能及时运向更加广阔的终端消费市场，运输到沿海港口远销海外，大大降低了产品流通费用，城乡互动发展水平进一步提升。[1]

总之，从19世纪末至20世纪70年代，美国农业现代化的逐渐完成使农业劳动生产率大大提高，农业生产成本明显下降，成为国际上现代农业发展最好和农产品市场竞争力最强的国家，为加快推进城镇化提供了充足的粮食、工业初级原料和资金，并从需求端促进了农业机械装备业、轻纺工业、生物化学工业、食品饮料加工业等的发展，奠定了城镇化发展坚实的物质基础，同时由于释放了大批农业过剩劳动力，也为农业人口向城镇转移创造了必要条件。

第二节 日本——"两化"平行发展模式

日本是以小农为主但现代化程度最高的东亚国家，其农业特征为人多地少，由于土地资源紧张，在现代化进程初期日本就建立起强大的综合农协服务体系，实施国家高额补贴，加大农业科技教育投入，推动实施劳动密集型农业的机械化和化学化，到20世纪70年代末基本实现农业现代化。在此过程中，日本通过建立城市规划体系，推动重点农村就地实现城镇

---

[1] 王海燕：《美国城镇化发展的特点和启示》，《经济研究参考》2013年第36期。

化，解决大城市病等，使农业现代化和城镇化相得益彰平行发展，成为第二次世界大战后迅速实现农业现代化与城镇化的国家。

一 综合农协推动农业现代化发展和非农产业发展

日本农协是随着农业现代化和城镇化发展而发展起来的，兼具合作性和垄断性特点。20世纪初，日本为了挽救工业化过程中小农经济的衰落命运，制定了《产业组织法》，提出农业合作社主要采购生产生活资料、销售农产品、组织利用农业设施和农产品加工等。"二战"后，基于小农经济商品化程度低和合作需求强的状况，政府审批在每个村庄设立一个农协，形成中央—县—村三级独立规范的组织体系，从事粮食生产的农户全部加入综合农协。在政府授权下综合农协承担落实农业政策的职责，垄断粮食统购、农产品销售、农资采购、信用保险、生活物品供应等业务，为农业提供田间管理、农业技术指导、农产品仓储销售等服务，由此农协综合功能全面发挥，成为维护分散弱小农民利益和增强农业竞争能力的重要组织。

二 非农产业通过高额补贴政策反哺农业

日本政府也通过发展非农产业来反哺农业，其对农业的补贴和扶持力度是所有发达国家中最大的，如果将各地方政府的支农资金也统计在内，日本支农补贴总额甚至接近或超过其农业增加值。日本政府对农民购买联合收割机、拖拉机等农业机械设备提供高达产品价格一半的补助，到20世纪60年代，补助更是高达80%。政府还以比市场利率低30%~60%的长期低息贷款，对补贴之外的费用给予支持。日本政府通过对农业基础设施的扶持政策和高额补贴，使日本的农机具从1955年的9万台增至20世纪70年代中期的50万台[①]，由此使农业基础设施大为完善。由于日本土地资源匮乏，政府始终在农业上保持极高的科技投入来增加单位面积产量。

---

① 刘西涛、王炜：《垦区城镇化与农业现代化协同发展宏观调控机制创新研究——以三江平原垦区为例》，经济科学出版社，2019。

三 重视国民教育和职业教育直接或间接促进了农业现代化和城镇化

重视农业人力资本培育。日本长期以来都非常重视国民教育。日本人将教育看作增强人这一生产要素的生产能力的重要手段，将其看作最具有价值的投资领域，把它当作提高竞争力、获取高额利润的重要条件。日本人认为当代经济领域的竞争就是科学技术的竞争，而科学技术的竞争归根到底是国民教育的竞争，就是被科学技术和文化教育武装起来的人力资本的竞争。为此，日本很重视发展职业教育，特别是在高中教育阶段就有意识开设农业课程，县以下还设有农业技术学校，这使得日本现代农业发展有了较为充足的人才支撑。而同时，由于重视国民教育，日益从农业中解放出来的农业劳动者也更容易适应工业和服务业发展对新兴劳动力的需要，增强了他们流向城市并定居下来的能力。

四 强化政府导向的农村金融反哺农业现代化发展

日本国土面积小，农业自给能力不足，政府对农村金融市场给予了极大的支持，整个农村金融体系以合作金融为主，政府金融为辅，并主要通过合作金融对农业给予高额的财政补贴来支持农业的发展。日本政府对农业协同组织信贷存款利率和税收给予优惠，实行农业贷款利息补贴制度和农业保险补贴制度。日本政府还建立了农林渔业金融公库，作为对一般金融机构服务农业的补充，旨在帮助农林渔业生产者获得维持和提高生产能力的长期低息贷款。日本还在1967年通过《农业信用保证保险法》，确定农业信用基金协会为会员提供贷款担保，而农业信用保险协会以各地的农业信用基金协会为会员，为团体会员代为还债事项提供支持。这些举措大大促进了农村金融市场的发展，有效加速了农业现代化进程。

五 工业化发展促进了农业的机械化和化学化发展

日本农业科研院所的发展、农业科技的研发推广、农业技术人才的培育、农业技术的国际交流与引进等都受到政府特别的重视，对农业现代化发展起到了关键作用。由于长期以来重视科学技术和国民教育，"二战"后日本经济虽受到较大破坏，但在科技创新的驱动和引领下，重工业及相关重点产业很快恢复发展，农机装备不断随着经济科技的发展而更新换代，农业机械化水平迅速提高，促进了多种现代农业要素的发展和广泛应用，增强了农产品精深加工的能力，加速了农业的现代化发展。当然，日本耕地少且分散，农业多是私有制下分散的小规模集约经营，因此农业机械多具有小型化精巧化的特点。到 20 世纪 80 年代中期，日本农业机械化水平居世界前列。

六　完善制度体系，规范和引导农业现代化与城镇化发展

日本政府根据国情及时制定一系列相关政策和制度，有效加速了农业现代化进程。"二战"后，日本推进农地改革，使以佃农为主的农地制度转变为以自耕农为主的农地制度，显著调动了农民的积极性。日本政府还在 1961 年颁布了旨在缩小城乡差距、增加农民收入的《农业基本法》，明确农业生产、结构、投资、税收、贷款和农产品收入等政策，针对粮食、肉类产品、制糖原料、大豆、原料奶等分别制定了详细的价格制度，优化产业布局，促进进出口贸易，推动了农业现代化发展。在国际贸易方面，日本主要通过制定高关税政策来保护本国农业。在加入世界贸易组织后，日本于 1994 年针对乌拉圭回合谈判中的《农业协定》制定了对策大纲，降低了农业关税保护的程度，但同时设置高技术壁垒政策，强化了对农业机械化和基础设施的支持力度，以此来保护国内农业。1999 年日本政府颁布了《食品、农业和农村基本法》，这成为日本发展环保型农业的基石。此后又相继出台了以防止农业环境污染、增强农业环境机能为目的的"农业环境三法"，以及其他一系列相关的法律法规。

"二战"后，随着日本人口快速向城市集中，大城市病也凸显起来。为此日本政府制定《新工业城市建设法》《限制国家首都区域建成区内的

工业和教育建设》等法规，引导因过于集中而造成诸多环境问题的工业企业逐步向小城镇迁移，一定程度上缓解了城市病。日本还于20世纪60年代后实施《全国综合发展规划》，以国家规划的方式确定增长区和非增长区，指导地方产业和城市的空间布局，形成了政府主导推动城镇化发展的模式，日本制造业高度集中的东京、大阪、名古屋、福冈成为日本著名的四大都市圈，由此形成了高度集中的城市化分布格局。在大城市加速发展的同时，日本不仅加强农村基础设施建设、社会事业发展和人居环境改善，推进农村就地城镇化发展，使得中小卫星城市逐步形成，而且还引导化工、钢铁等工业城市向生态城市、清洁城市、智能城市等方向发展。

七 "二战"后工业化大发展推进了城镇化和农业现代化进程

20世纪初日本城镇化水平很低，只有东京、大阪和名古屋由于工业的初步发展而吸引了人口的较快集聚，其他城市发展缓慢。"二战"后日本政府有效干预经济，注重引进先进技术形成自身技术体系，重视国民教育，积极发展高科技产业，发展外向型经济，促进了工业的迅速崛起，生产性服务业等的大发展，促使城镇化步伐进一步加快。20世纪六七十年代日本以同心圆辐射方式规划建设卫星城，形成了圈层都市空间结构，各城市圈围绕着中心城市辐射发展，进入到城市化加速发展的新时期。在此过程中，经济快速发展强化了主要大都市圈的集聚效应，为农民市民化创造了充分的条件，大大提高了农民的收入，进而为农业现代化的进一步发展创造了条件。到1965年日本非农就业比重为75.3%，城镇化水平快速达到67.9%。20世纪70年代末日本已达到了高度城市化水平。此后，受两次石油危机和东南亚金融危机冲击、生产要素成本提升和产业海外转移等的影响，城市化速度有所放缓。而随着第一、二产业的萎缩和第三产业的蓬勃发展，服务业高就业吸纳力下大都市对人口的吸引力也进一步增强，由此带动人口再次向大都市圈集中。

八 现代化的交通商贸体系和经营组织推动了农业现代化和城镇化发展

冷链保鲜、高效配送运输和城乡市场统一是农产品顺畅流通的重要基础，也是实现农业规模化、产业化的基本前提。日本是狭长的岛国，3万多公里的海岸线使其拥有得天独厚的交通优势，国内四通八达的铁路和高速公路网使其生鲜农产品能够及时到达遍布城乡的消费市场，为现代农业发展提供了"产加销"高效贯通衔接的可能。

总之，"二战"后，日本通过立法保障、政策支持、科技促进、资金倾斜、职业农民培训等使得农业现代化进程加快推进，城市在综合发展规划引领下，由中心大城市圈层布局转向卫星城市多点发展，工业借力第三次科技革命和出口导向型经济获得迅猛发展，不仅吸引了农业过剩人口有序转移到工业和服务业领域，而且城市所具有的资本、科技、教育、市场、服务、文化等核心功能得到充分发挥，它们被及时广泛地应用于农业领域，推动了现代农业的发展。

第三节 德国——"两化"均衡协调发展模式

德国农业资源的特点是人多地少，雨水充沛，农业供养人口负担较重。德国现代农业发展中既注重农业体系内部结构的协调发展，又注重协调与自然生态的关系和可持续发展，同时，在城镇化发展中注重大中小城镇的协同推进和同步发展，现代农业与城镇化在时间和空间上均衡发展，相得益彰。"二战"后德国开始由传统农业向现代农业转型，成为欧洲仅次于法国和意大利的第三大农产品生产国，世界第三大农产品和食品出口国。

一 农业机械装备应用提高了农业生产效率和经济效益

德国非常重视以现代科技研发为核心的农业机械化水平和信息化水平

的提升，由此形成对现代农业发展的强大引领作用。德国以发达的工业经济为基础，长期以来着力发展农机装备制造业，不仅使本国农业机械化和信息化应用水平大大提升，形成了以播种机、收割机、打捆机、植保机等为主的多品类多型号优势农机装备体系，推动农业生产实现全过程机械化，而且逐步发展成为世界上最大的农机出口国，约3/4的农机用于出口。

农业机械化的发展为农业规模经营创造了条件，也为后来农业信息化奠定了基础，加之德国《土地整理法》支持土地整合扩大单个农场规模，由此，德国家庭农场在不断地合并调整中规模日益增大，农场数量日益减少，大型家庭农场成为主要生产经营单位，推动了农业机械化发展，农业就业者比重逐步下降，生产成本逐步降低。相关统计数据表明，农业劳动力在总就业人口中的占比由20世纪初的近40%逐步下降到21世纪初2%～3%的水平，人们购买食品的支出由收入的一半以上降到10%以下。目前，德国正在通过大数据和云技术的应用，结合全球卫星定位系统，发展精细化和数字化农业。

二 生态可持续发展理念贯穿于农业现代化和城镇化发展始终

德国不仅重视前沿科技在现代农业中的应用，同时也非常重视农业的生态可持续发展，重视国民的食品安全。德国在种子、化肥、饲料等方面推广生物技术，使农业单产和总产快速提高，同时，以政府补贴等方式大面积支持发展生态有机农业，以耕作、栽培的方式提升土壤肥力，以间作、倒茬等方式提高作物产量，以调整种植密度、增强透光、使用有机肥等方式防治病虫害发生，着力改良牧草地和实施分区轮牧提高草地肥力，加强畜禽优良品种繁育，发展有机农产品和附属产品精深加工业等，不但使农业提质增效，结构优化，综合竞争力稳步增强[1]，形成了高品质农产

---

[1] 《静观德国农业发展史，反思未来中国农业发展方向！》，搜狐网，2020年10月29日，https：//m.sohu.com/a/428081008_750320/。

品的出口优势，而且顺应了经济高水平发展下消费理念的转变和消费结构的升级，更好地满足了城乡居民的消费需求。

德国的生态农业发展制度保障体系完备，有机农业已成为德国农业和食品经济的重要支柱。德国生态农业协会制定了比欧盟更加严苛的生态农业生产标准、具体条件等，还出台生态标识法，实行规范的生态标识制度，要求生态农产品必须明示消费者，并注明产地、生态产品来源等。德国要求生态农产品不能使用化学合成的杀虫剂，应按照合适的轮作方式种植不易生病的植物，采用锄松、燃烧等物理方法清除杂草；不准使用可溶解的矿物肥，主要施有机肥料、绿肥和缓慢生效的自然肥料；通过腐殖质不断提高土地的肥沃程度；种植层次变化丰富的间作作物；不能使用化学合成的助长素或激素产品；严格按照土地面积限制的牲畜存栏数发展畜牧业；尽可能多地使用本农场自产的饲料喂养牲畜，不使用抗生素和转基因技术。[1] 德国每年还投入大量财政补贴支持生态农业发展，要求在农业转型为生态模式 6 个月后予以验收，此后两年为过渡期。德国的生态农产品不仅给国民带来了安全健康的食品，也很好地维护了自然生态环境。

德国是发展都市农业最早的国家，建设了大量的"市民农园"，即由政府出租给城市居民城郊或城市的农地，城市居民种植蔬菜、花卉、林果或经营水产与家庭园艺等，市民在农耕体验中享受回归自然的田园乐趣和丰收的喜悦。市民农园的发展避免了城市扩张而造成的农业萎缩，也为城市增添了绿色空间，改善了生态环境，丰富了农业的生态功能，促进了农业现代化和城镇化的良性互动发展。

德国中小城镇建设也始终遵循自然规律，以维护生态环境为底线，绿化美化净化中小城镇，积极打造自然美、生态美、环境美的宜居、宜业、宜游的城镇，使每个中小城镇天蓝地绿，风光优美，空气清新。同时将小城镇建设与历史文化内涵挖掘及现代生产生活气息相结合，使古城堡、古建筑、传统园林等散发出现代朝气。德国还重视小城镇公共服务体系建

---

① 安载学等：《浅析德国的生态农业》，《农业网络信息》2015 年第 4 期。

设，在银行、影院、医院等公共场所，从不同消费者需求细节出发设置个性化、无障碍、自动化的服务设备和装置，不断提升中小城镇的服务品质。

三 政策性和合作性农业金融制度体系促进农业现代化发展

德国现代农业发展的初期，农业自身积累能力还不足，其发展资金很大程度上来源于非农产业发展基础上的政府支持。现代农业发展初期，德国农业投资率和投资强度远远超过工业部门，主要通过信贷、财政政策予以支持。德国农业金融机构以合作金融为主体，其他金融组织为补充。其中，合作金融已有200多年发展史，不以营利为目的，主要包括最高层次的中央合作银行、居间层次的区域合作银行和量大面广的地方性合作银行，它们通过自下而上层层参股的形式构成了金字塔形的金融体系，主要为农业发展提供金融服务；其他金融组织是以政策性金融为主的涉农银行机构，主要着眼于农业基础能力的提升，以联邦政府或州政府财政为资金来源，对特定年限以上的长期农业信贷提供利息补贴，其补贴的范围涵盖了土地改良整治、农业结构调整、农业环境保护治理、农产品加工、种植养殖业发展等。

四 严格的农业经营者教育培训和职业化制度

德国在推进农业现代化发展中非常重视农民的职业化教育，重视提升农业经营者生产技能和田间管理能力，要求农业从业者必须要经过专门的教育培训持证上岗，特定的岗位还要求到国外进修，通过在农业大学学习培训、在农业企业实践锻炼等，掌握科学的生产技能和经营管理知识，培育适应现代农业新要求的新型农民，高质高效地发展现代农业。有数据表明，德国农业企业管理者中有近70%接受过职业教育。

五 高效的农业生产经营组织

早在19世纪60年代，德国就制定了《合作社法》，成为世界合作社组织的发源地。德国的农业生产组织化和产业化程度较高,农业合作组织覆盖种植、养殖、农产品加工、农产品储运、农产品销售、农业信贷等众多领域,农产品生产专业户普遍加入各种类型的农工一体化、产加销一体化合作经济组织,农民在共享大型农机设备、获得良种供应、有效防治病虫害、进行资金融通与信息咨询等方面都能获益。20 世纪 70 年代后,德国农业合作社为提高市场地位和影响力走向联合发展,逐步形成了地区性合作社联盟、专业性合作社联盟和全国性合作社联盟,增强了服务农业的综合能力。

六　大中小城镇在协同均衡发展中促进了农业现代化和城市化的互动发展

德国国土面积为 35.7 万平方千米,是欧洲人口密度较大的国家之一。德国非常警惕经济社会发展中空间差距带来的种种弊端,特别是东西德统一后,为了调和东西部地区经济社会的差距,从城镇化发展初始,就从城镇规模大小、城镇空间布局、城镇生态建设等方面加强谋划和实践推进,充分发挥不同城镇辐射作用和集聚效应,通过雁阵式发展,形成大中小城镇协调发展功能互补的格局。据统计,截至 2010 年年底,德国共有大中小城镇 2065 个,人口超过 100 万的只有柏林、汉堡、慕尼黑和法兰克福,超过 50 万的城镇不超过 10 个,超过 10 万人的有 89 个,全国 75% 的小城镇人口少于 5000 人。德国约有 70% 的人口居住在小城镇中,全国城镇化率从"二战"后的 69% 提高到 21 世纪初的约 96%,居世界前列。

德国非常重视中小城镇基础设施、公共服务、宜居环境的建设与供给,提升了中小城镇的人口和产业承载力,奠定了工业经济发展所需的劳动力、水电路、通信网络、污染排放治理、均等化公共服务、清新宜人生态环境等要素条件,不仅使中小城镇和工业经济发展相辅相成,互相促进,而且使中小城镇的人们能够获得与大城市同等水平的就业机会和生活品质。德国中小城镇的协同并进发展,为产业均衡布局创造了条件,也使全国经济空间布局既错落有致,又协调均衡,区域差距和城乡差距不明显，经济社会矛盾不突出，而同时，产业的均衡布局也使中小城镇形成了各具特色和竞争力的产业支撑，促进了区域的平衡稳定和协调可持续发展。

第四节 经验与启示

发达国家与我国面临着不同的时代背景、发展阶段、自然条件、物质基础、科技水平和市场环境等，在农业现代化和新型城镇化发展中形成了不同的发展道路。它们走过的农业现代化和新型城镇化互动发展之路，是立足自身国情在实践探索中形成的，其实践经验需要我们结合国情区情辩证地汲取。

一 主要经验

1. 遵循自然和经济社会发展的客观规律

从世界众多国家农业现代化和城镇化发展演变的历程看，农业现代化和城镇化是双向互动发展的历史过程，只是不同国家或地区，在不同的发展阶段，表现出不同强度、不同节奏和不同内容的互动过程。在这一过程中，一是对自然条件依赖度很高的农业，能够遵循自然规律，顺应时节安排农业生产，按照自然条件优化农业空间布局，以自然生态化手段改善生产条件，促进了农业可持续发展。二是经济社会发展顺应了产业演进规律，并在"农业现代化、科技革命、工业化、城镇化"的良性互动循环累积机制中，实现了农业现代化和城镇化相辅相成发展。在农业现代化发展的初期，更多的是农业促进工业化和城镇化发展，农业为城镇人口提供充足的粮食，为较高积累率的工业供应充分的原材料，并通过农资、农具和农产品促进城镇商贸流通和科技创新；随着工业经济资本积累的增多，城镇基础设施和公共服务的改善，城镇对人口的承载力和产业对就业的吸纳力增强，机器设备制造对农业生产效率促进作用明显提升，城镇对农村和工业对农业的带动力显著增强；工业化发展到中期阶段及以后，随着应用于农业的生物和化学技术的进步、资本积累的日益膨胀、农业经营管理实践经验的积累等，城镇化推进农业现代化的作用更为突出。可以说，顺应自然、经济、社会发展客观规律是西方发达国家实现城镇化和农业现代化相辅相成、良性互动的基本前提。

从目前经济社会发展的现实来看，中国整体上已由农业为主的社会进入到以城镇为主的社会。从常住人口城镇化率看，已由 1978 年的 18% 上升到 2019 年的 60.60%。我国地域辽阔，区域经济发展差距较大，东部发达城市城镇化率已经达到 80%，大城市面临的交通拥堵、房价调控难、教育医疗资源紧缺等公共服务不足问题突出，"过度城镇化"成为急需解决的现实问题。而与之明显不同的是，西北的陕西、甘肃、宁夏、青海、新疆五省（区）经济欠发达，省会（首府）城市和以资源型城市为代表的重点城市，其工业化刚刚步入中期阶段，县域经济发展不足，中小城镇发展严重滞后，农业农村发展水平低，农业劳动生产率低，农业富余劳动力大量存在，城乡二元经济结构性矛盾非常突出，2019 年五省（区）城镇化率仅为 53.54%，农业现代化和新型城镇化发展不足，亟须顺应自然规律和产业演进规律，构建"农业现代化、科技革命、工业化、城镇化"良性互动循环累积机制，促进新型城镇化和农业现代化相辅相成发展。

2. 顺应科技发展和工业化浪潮的大趋势

从发达国家农业现代化发展过程来看，其无一不是顺应了特定历史发展阶段科技革命和工业革命的浪潮，将最先进的科学技术有效地应用于农业生产领域，用机械化的高效率替代手工耕作的低效率，以农业规模经营替代小农经济无序发展，以绿色科技科学种植替代靠天吃饭难保温饱，以用知识武装的职业农民替代靠经验种植养殖的传统农民，释放了大量劳动力，显著提高了农业生产的投入产出率和市场竞争力，显著提升了农业发展的质量和效益，大大提高了工业化和城镇化发展水平。科技的发展使得农业生产要素和生产手段得以改善，现代农业机械装备研发应用的影响广泛深刻，农田土壤环境质量不断提高，现代水利工程建设不断推进，生物科技加速了农产品的改良换代，农业生产过程日益信息化、网络化和可追溯化,农业生产在科学技术引领下逐步由粗放向集约方向转变,由此大大提高了资源利用率、劳动生产率、要素投入产出率、产品利润率。同时,城镇化发展下的工业经济借力科技革命大发展,为农业机械化、信息化、生态化提供了充分的物质条件和技术手段,工业化及相伴随的服务业的发展,也为快速吸纳大规模的农业转移人口奠定了基础,反过来进一步促进了城镇化发展。

发达国家农业现代化和城镇化发展的实践表明,在农业现代化和城镇化发展的初期,既重视发展劳动密集型产业,有效吸纳农业剩余劳动力,加快资本的快速积累,促进城镇规模扩大和功能的成熟与完善,又重视将大规模的资本投入农业科技研发、农业人力资源培育、农产品消费文化形成、绿色生态农业发展等,使资本、科技和机械化替代传统农业劳动,以人力资本替代普通农业劳动者,能大大提高农业生产要素的投入产出效率,提升农业发展的核心竞争力,加速农业现代化进程,实现农业现代化和城镇化的良性互动与协调发展。

目前,我国生物技术取得突飞猛进的发展,农业技术装备日益成熟,发展生态农业逐步成为公众共识而加快推进,以信息化为支撑的农产品质量追溯体系不断健全,信息化、大数据、互联网等以迅雷不及掩耳之势渗透融合于各产业门类,第一、二、三产业融合发展已成为产业发展的大趋势。顺应新时代网络化、信息化发展的大势,为农业发展注入科技要素和创新力量,加强绿色种植养殖技术、信息化技术等的深度融合和应用,是农业现代化发展的必然要求,也是新型城镇化助推农业现代化发展的必然途径。

3. 充分发挥政府推动"两化"良性互动发展的基础性作用

农业既是关系国家命脉的重要产业门类,具有举足轻重的战略性和基础性地位,又是一个对自然条件依赖度较大的弱势产业,尤其是在现代化初期,面临较大的自然风险和市场风险,自我积累能力低,如果完全由市场机制调控,必然会损害一国之根本,危及国家的粮食安全,阻碍工业化和城镇化的发展进程,引起经济徘徊不前和社会动荡不安。通过政府调控作用弥补市场失灵，加强对弱势的农业的支持保护是农业现代化发展中必不可少的条件。而同时，城镇化也是社会发展的必然过程，城镇化的发展既需要有大量的农业人口从农业生产中脱离出来，又需要充足的农产品供给城镇人口生活，而城镇化过程中教育、科技、文化等充分发展的最新成果，如果能在政府引导下充分、及时、有效地流向农业经济领域，则可为农业发展注入要素资源，又能够成为助推农业现代化发展最佳的要素条件。因此，完善制度体系，加强立法保障，强化政府对农业全方位和强有力的支持与保护，有效增进工农城乡互促共进的经济联系与利益关系，构建农业现代化和城镇化良性互动发展的体制机制，就成为很多国家或地区成功推进"两化"融合发展的普遍做法。

西北地区自然条件严酷，地貌类型多样，海拔较高，气候差异大，无霜期相对较短，普遍干旱少雨，水资源总体不足，且时空分布不均，农业发展基础条件较差，小农经济靠天吃饭和经验生产比例仍比较高，农业生产面临很大的自然风险、病害风险和市场风险，自我积累能力非常低，阻碍了农业现代化进程。同时，农业潜在剩余劳动能力虽多，但农民在非农产业的就业能力缺乏，难以适应城镇工业和服务业发展对职业劳动力的需要，农民市民化阻碍重重，因此，应充分发挥政府对"两化"良性互动发展的调控促进作用。

4. 强化法律法规体制机制等制度保障

美国《宅地法》把大量西部地区的土地无偿分给农民，形成了大量机械化耕作的家庭农场。通过每隔五年修改出台的农业法案等，建立了完善配套的农业政策体系，如以维护农民权益为目的的生产者保护政策、以完善市场机制和维护市场秩序为目的的立法类政策、以发展农业生产为目的的农业保护和发展政策等，促进了现代农业的大发展。德国颁布的《土地整理法》等促进了农业的规模化发展，为提升机械化水平和农业增产增效提供了条件；《种子法》《物种保护法》《肥料使用法》《土地资源保护法》《植物保护法》《水资源管理条例》，以及种植养殖业生态农业管理规定、有机农业法案、农产品质量认证体系等，促进了农业可持续发展和食品健康安全。除了法律法规外，发达国家还努力构建现代化的农业经营组织体系。为了充分调动农业经营主体的主动性和积极性，不断提高经济主体的经营能力，提升农业经济效益，发达国家农业经营组织不断适应经济发展形势加快重构，着力发展以家庭为单位的农业基本经营主体，突出发展各种形式的农业合作经济组织，使之从松散低效组织逐步转向供应链垂直高效协调组织，分工细化和功能健全的社会化服务体系不断完善，产品市场也逐步从区域性地方市场转向国内甚至全球市场。

目前，我国围绕农业土地管理、农民专业合作社、种质资源保护、动植物检疫、农产品质量安全、农业生产资料及市场管理、废旧农膜回收利用、生态补偿、户籍制度改革等颁布了一系列法律法规，有效规范和促进了农业生产。但我们也看到，由于法律法规缺乏系统性和可操作性，产权制度不健全，权利与责任划分不明确，存在有法不依、执法不严等问题，推进新型城镇化和农业现代化仍面临一些制度障碍，特别需要进一步加强制度保障。

5. 以制度引导农业和城镇化走绿色生态发展之路

城镇化和农业现代化进程都不可避免地要增加人类对自然资源的消耗和对自然环境的影响，特别是"两化"互动发展的加速期，资源环境也必将承受更大的压力。综观发达国家农业现代化和城镇化发展的实践，在农业现代化加快推进的过程中，如果不从制度上引导农业生产者的观念和行为，及时扼制土地过度垦殖，林地遭到破坏，草地过度载畜，野生动物栖息地被破坏，土壤受到化学污染等破坏环境的现象，农业生产虽然会有短暂快速和令人欣喜的发展，但绝对不会长久地保持下去，农业生产必将面临危机；在城镇化加快推进的过程中，如果不从制度上引导人口在资源环境承载能力的范围内有序和稳定地增加，及时扼制土地过度开发，就会导致片片绿地在高楼大厦中消失，汽车尾气弥漫于空中，工业企业大量废弃物随意丢弃的现象；城镇地域规模和城镇人口虽然快速膨胀，城镇在灯红酒绿中显示出繁华与辉煌，但也绝不会成为人们理想的生活场所。因此，制度作为规范经济主体行为的框架规则，必须要及时地去引导农业和城镇化走绿色生态发展之路。

6. 构建农业经济的组织化社会化服务体系

在农业现代化发展过程中，无论是地广人稀的美国建立的为家庭农场提供产前、产中、产后服务的农业社会化服务体系，还是人多地少的日本为小农经济服务的综合农协、德国为高品质农业服务的合作社联盟，都非常注重构建农业经济的组织化社会化服务体系，通过自下而上的互助合作或者自上而下的嵌入式合作等，构建强有力的农业经营组织，在农资供应、农技应用、生产服务、资金支持、风险分散、产品销售等方面提供一条龙服务。

目前，西北地区农业合作社普遍规模比较小，覆盖面窄，资金缺乏，组织松散不规范，运行机制不健全，日常管理随意性大，经营管理水平低，承载服务功能单一，服务能力、效率不高，没有建立起利益共享风险共担的机制，农民获益不多，参加的积极性不高，以上问题的解决特别需要我们好好学习、借鉴相关国家的成功经验。

二 启示

实践表明，国外城镇化和农业现代化起步比较早，并且在科技革命和工业革命的催化下，在殖民地掠夺扩张的过程中，通过科技、人才、制度、资本、法规等全方位的支持，取得了较快的发展。新中国成立后，我国面对复杂的国际环境和饱经战乱百废待兴的国情，为了尽快建立起强大的工业经济和国防体系，在重工业优先发展战略下，原本基础薄弱的农业又承担起服务国家发展大局的重任，农业基础设施建设不足，工农业"剪刀差"长期存在，户籍制度制约城乡人口流动，城乡二元结构突出，城镇化和农业现代化没能形成彼此助力良性互动的机制。当前，中国成为世界第二大经济体，从贫穷落后的农业国成长为世界制造业大国，已具备了工业反哺农业、城市带动乡村的物质条件。我国西北地区城镇化和农业现代化面临的时代背景既与国外当前的环境条件明显不同，同时，也有着自身特有的区域和时代特点，汲取国内外经验需要认清二者间的差异。

1. 经济社会发展背景不同

西方发达国家推进城镇化和农业现代化的时代背景与发展道路与我国不同。美国、日本和德国等发达国家统筹推进城镇化和农业现代化的时间比我国要早很多年。当时西方发达国家在经过几次科技革命后，社会生产力获得了极大的解放，由此带动其工业化发展水平突飞猛进，城镇化进程迅速加快。随着科技革命和工业化加速，农业现代化所需的生产要素条件、市场条件、科技条件、人力资本条件等日益充分，促使农业现代化和城镇化走上了良性互动的道路。而与之不同，中国在20世纪初结束闭关锁国的封建王朝统治后，经过了几十年的内战和抗日战争，社会生产力遭到严重破坏，社会经济满目疮痍，更是错过了科技革命带来的机遇。新中国成立后，面对复杂的国内外环境，只能实行重工业优先发展的战略，在当时的经济发展水平下，工业发展只能来自农业积累。国家通过工农业"剪刀差"获得的巨额积累资金对工业化和城市化做出了基础性贡献，当然也导致农业长期低水平发展、城乡经济失调及"短缺经济"的出现。当前，我国基本建立起较为完备的工业体系，工业化逐步进入中期阶段，我们具备了较为雄厚的物质基础，人民收入水平明显提高，人们追求精神文化生活需求的意愿明显提高。在此条件下，我国不仅有了工业反哺农业、城市反哺农村的条件，而且一些农村具备了就地城镇化的基础。

2. "两化"互动的基础条件不同

发达国家农业现代化和城镇化发展在很大程度上是建立在殖民地扩张的基础上的，它们获得了大量土地和资源，因此农业现代化和城镇化互动发展的环境相对宽松，二者互动比较协调，城乡发展步调较为协同。而中国是爱好和平的国度，在历史上就没有过殖民活动，在目前"两化"互动中更不会走同样的道路。中国基于特殊的国内外环境，城镇化和农业现代化互动经历了"弱质农业低水平剪刀差支持工业—城乡二元结构突出—工业反哺农业和城镇带动农村（推进城乡一体化—促进城乡统筹—加快城乡融合）"的特殊过程，城镇化发展速度和水平明显快于农业现代化发展，大批农民工促进了大中城市和城市群的发展，人口市民化进程正在加快，人口城镇化和质量城镇化正在替代空间城镇化与速度城镇化，居民消费需求的升级对农业现代化提出了更高要求，对生态农产品供给提出了多元化需求。当前，我国城乡之间劳动力、资本、技术等生产要素流动逐渐顺畅，资源配置的优化明显促进了城乡经济的繁荣，但城乡二元经济结构仍比较突出，农业生产成本不断上涨，高标准农田建设、基础设施建设管护等资金缺口大，精英人口持续由农村流向城市，农业发展的人力资本不足，国际大宗农产品威胁国家粮食安全，农业现代化和城镇化互动发展机制不完善。作为发展中的人口大国，我国农业人口高达 5.5 亿人（截至2019 年），发达国家的高额补贴政策在我国难以适用；职业农民的培养虽然是农业现代化的必然要求，但具体实施的组织形式、内容、手段等必然随时代变迁而不同。

3. 现代农业的科技发力点不同

西方发达国家很早就意识到农业科技对于农业现代化的关键性作用，但限于当时的农业生产力水平，农业科技的应用更多注重的是通过机械化提高农产品的产量和农业生产的效率。在农业生产过程中，新研究开发的农药与化肥大量使用，基因技术、生物技术、遗传技术等不断被应用于农业生产，这些技术由于能促进产量和效率提升，而被看作农业现代化最重要的标志，直到这些技术引发的农业污染和食品安全问题暴露，人们才开始反思工业文明的优劣得失。而与之不同，我国步入农业现代化进程时已处于 21 世纪，农业科技具有的双刃剑作用已为大众所熟知，农业面源污染破坏环境、化肥农药高残留危害人体健康和农业可持续发展等已为国家和民众重视，我们在推进农业现代化进程的时候，已经能辩证客观地看待农业科技。因此，在农业现代化过程中，不能再走化学化和生物化的老路，要遵循自然规律，以更加审慎科学的态度推进农业的绿色生态可持续发展，回归农业现代化的应有之义。

4. 基本国情和资源优势不同

人口众多，耕地稀少是我国推进城镇化和农业现代化的基本国情。中国有 14 亿人口，美国有 3 亿多人口；美国家庭农场的平均规模是 3500 亩，我国户均耕地不足 10 亩，美国属于人少地多型国家，中国是典型的人多地少型国家，美国大型农场规模化农业现代化之路在中国显然是不可行的道路。现代农业的发展也不是规模越大越好，美国等国家农业发展的经验表明，土地规模化经营超过一定程度，收益的边际效益就会下降。日本也是人多地少型国家，农业发展以小农户经营为主，但日本同样是世界上高效优质农业发展的典范。以 1970 年为例，美国农民人均 1 台拖拉机，日本平均 45 人拥有 1 台拖拉机，美国劳均生产粮食是日本的 10 倍，而单位土地产量仅为日本的 1/10。美国具有耕地资源丰富的优势，中国和日本没有耕地资源优势，但有劳动力资源丰富的优势。中国农业现代化必须充分考虑人多地少的基本国情，中国的工业化还将长期处于中级阶段，工业发展吸纳农村劳动力的能力还很有限，还需要把握农村人口转移速度，土地过度规模化经营必将导致大量农村人口失去谋生就业机会，中国农业现代化绝不能够盲目效法美国，不能违背经济发展规律，更不能违背中国的现实，必须兼顾经济效益和社会效益，必须走有中国特色的土地适度规模化的农业现代化之路。

第六章 西北地区"两化"良性
互动的制约因素

为求解西北地区城乡良性互动的可行之道,了解了相关学者关于世界城乡关系变化发展的历史研究成果,回顾了新中国成立以来城乡政策的演化历程,对比分析了世界主要发达国家城乡互动的几种典型模式,再回头对照观察西北地区城镇化与农业现代化的现实状况,如此这般之后,方对城乡互动问题有了一些粗浅认识:原本认为城乡发展的不平衡、不协调只是欠发达地区(国家)或发达地区(国家)的个别落后地区才有的"小问题",然而通过学术探讨的"天窗"一看,小问题的产生却有着大背景、大环境,而且这个问题的确是一个关系着人类经济社会发展进步的大问题。这个问题不独西北地区才有,全国各地也普遍存在;不独中国有,全世界各个国家都得面对;不仅当今这个时代存在,在工业化、城镇化发端之初就已经充分展现了。说到底,如何正确处理城乡关系,城镇化和农业农村的现代化("两化")如何实现良性互动,这个大问题是世界各国政府和一切有识之士思考社会经济问题的一个核心议题。因此,合理解决这一问题的途径也不能仅仅囿于西北地区,而是必须放到时代的大环境大背景中去探讨。

中国城乡关系发展到今天,推动城乡融合发展已经成为基本国策,国家出台的《乡村振兴战略规划(2018—2022年)》《关于建立健全城乡融合发展体制机制和政策体系的意见》等文件已经将促进城乡融合发展的各项方针方略系统规划和部署，中国重塑城乡协调关系的决心和魄力前所未有，我们正处在形成协调城乡关系、促进"两化"形成良性互动关系的最好历史时期。深入思索仍然发现，现实中仍然存在制约我国实现这些宏伟蓝图的根本性矛盾和问题，认清并着力化解这些矛盾和问题，就是摆在我们面前的重要课题。

第一节　三要素净流出严重阻碍"两化"良性互动

深入思考当代中国的城乡发展问题，就会深刻认识到：资本、劳动力和土地三大要素从农村大规模净流出是城乡形成良性互动关系的最大障碍。只要三大要素单向大规模净流出农村的趋势得不到根本遏制和扭转，城镇与乡村形成相辅相成、良性互动关系乃至乡村振兴的就不可能有坚实的物质基础。资本、劳动力和土地三要素大规模净流出是以工业化、城市化为主要内涵的现代化进程必须付出的代价和成本，著名学者温铁军将其中的原理及运行机制概括为"危机成本转嫁"理论，认为"这是市场经济体制下发展工业化和城市化为主要内涵的现代化的必然结果"①，是市场经济的运行规律，世界各国概莫能外，根本原因在于资本的本性，而和国家制度无关。

资本的本质属性及其运动规律就是"不仅逐利，而且还无休止地逐利"，这正如福斯特所说："资本主义是一种永不安分的制度，投资前沿只要不再扩张，利润只要不再增长，资本流通就将中断，危机就会发生。"②而且，资本的这种力量在近现代社会中还以城市特别是大城市为中心得以强化，愈演愈烈，以至于到了刘易斯·芒福德所说的如此严峻的程度："这个总的运动（工业化、城市化）把现代社会的各个部门都集中到同一个大的城市容器内，并在很大程度上打破了各统治集团和阶级之间的分散

---

① 温铁军：《告别百年激进：温铁军演讲录（2004—2014）》（上卷），东方出版社，2016，第 75 ~ 105 页。

② 约翰·贝拉米·福斯特：《生态危机与资本主义》，耿建新、宋兴无译，上海译文出版社，2006，第 69 页。

状态。土地、工业、金融、武装力量和官场这些力量在主要西方发达国家形成了一个联盟，以谋取最大数量的经济剥削。因为'扩张就是一切'。"① 对此，仇保兴直截了当地指出，"现代经济生产和资本主导的城市化模式在很大程度上是基于利润而不是人们的基本需求而进行的"。②

"资本，不论国有还是私有，都是人类制造又反过来异化人类自身的异化物。"③ 这种异化物的制造过程及结果在不同历史时期，在不同国家其表现方式也会有所不同。发达国家大多通过向外扩张、殖民掠夺等手段转嫁了它们的工业化、城市化的经济危机和制度成本；中国工业化初期，在资本原始积累趋零的情况下，通过城乡户籍制度、工农产品"剪刀差"、人民公社制度等一系列制度安排，大量抽取农村剩余支撑工业化发展，即使当初以拖拉机等机械化为内涵的农业现代化，也都是被动地适应这种工业化的一个结果。中国的市场化进程兴起于 20 世纪 90 年代，愈演愈烈的"三农"问题也肇始于那个年代。"中国今天成为一个工业化大国、城镇化大国，凭的就是大量向乡土社会转嫁了城市资本集中与生俱来的代价，就是土地、劳动力、资本等基本要素从农村大规模净流出，导致我们有了严重的城乡差别问题、三农问题"④，与此同时，不堪重负的"三农"，继续又将这种代价和成本借助化肥、农药、各种激素、抗生素、添加剂等转向土地、水源、空气等生态环境，导致今天的食品不安全、生态恶化、环境污染等种种矛盾和问题。

资本、劳动力和土地三大要素从农村大规模净流出的问题是中国新时代促进城乡形成良性互动关系，实施城乡融合战略和乡村振兴战略，实现城乡协调发展，必须直面的一个根本性问题，不从根本上解决这个问题，

① 刘易斯·芒福德：《城市发展史——起源、演变和前景》，宋俊岭、倪文彦译，中国建筑工业出版社，2005，第 543 页。
② 仇保兴：《应对机遇与挑战：中国城镇化战略研究主要问题与对策》，中国建筑工业出版社，2009，第 4 页。
③ 温铁军：《告别百年激进：温铁军演讲录（2004—2014）》（上卷），东方出版社，2016，第 85 页。
④ 温铁军：《告别百年激进：温铁军演讲录（2004—2014）》（上卷），东方出版社，2016，第 87 页。

一切旨在富裕农民、振兴乡村的战略、政策和措施都将达不到预期效果。

第二节　城市偏好的发展模式与"两化"良性互动的矛盾性

现代工商业资本主导的工业化、城市化、全球化进程导致了大城市，尤其是特大城市偏好的发展模式，产生这种发展模式的力量在世界各国的现代化进程中普遍存在，这种发展模式本身与构建良性互动的城乡关系存在天然的矛盾。在全世界范围内能够正确把握这种力量的国家较好地避免了这方面的矛盾和问题，正确认识并引导这种力量趋于合理化是形成城乡良性互动关系的前提条件。

城市偏好的发展模式与城乡良性互动具有天然的矛盾性，其根本原因在于：城乡良性互动本来建立在城与乡的自然属性基础之上，即城市从乡村近距离地获得促进生命健康发展的一切有机物和环境，城市与乡村之间本来是一种互惠互利的关系，但是大城市、特大城市之所以生存和扩大，其根本动力就是源于它们有着强烈的控制别人的冲动，这种冲动以集体力量的方式呈现并支配着整个环境和区域，并将城乡之间最基本最重要的关系——人与土壤、水、空气及其他所有有机物之间的关系远远地割裂开来，代之以远方世界以工业化方式大批量生产的一系列代用品。

由资本不断扩张的本性决定的，从农村大规模净流出的资本、劳动力和土地三要素，以及由它们带动的一切社会资源主要向大城市尤其是向特大城市集中，已经是工商业资本主导的现代化进程的普遍倾向。这种普遍倾向经过主流经济理论的分析、总结概况为规模经济、集聚经济，并被当作理所当然的发展规律为大多数国家所接受和推崇，且不断付诸实践。但是这种由大城市支配的经济社会发展模式已经让人们普遍感觉到了它的种种矛盾和问题：大城市，尤其是特大城市把本应该分散的经济社会功能和权力集中了起来，导致了高污染、高拥堵、高房价、高成本等，同时也导致了大多数中小城市、广大农村地区的功能缺失和衰退，这种状况使得一个国家或一个区域更像一个上肢肥胖臃肿、下肢萎缩瘫痪的患者。

正当整个世界陶醉于工业化、城镇化的辉煌成绩的时候，20世纪世界真正的城市经济学大师刘易斯·芒福德在详细考察和系统研究了西方国家众多代表性城市发展历史后，精辟地概括了人类城市的这种发展状况：大城市有着催眠术般的吸引力；大都市像滚雪球那样漫无边际地扩大；促进城市畸形发展的力量普遍存在；大都市文明存在着对大量人口的奴役；大都市文化的本身内就蕴藏着爆炸力，它会扫光它生存的一切痕迹，大都市文明具有很强大的扩张性，同时它也具有很强大的崩溃性。他的一段话非常耐人寻味："如果19世纪城市的历史是一部疾病的历史，那么，20世纪的城市历史也许可以叫做一部奇怪的医疗事故，这种治疗方法一方面寻求减轻病痛，另一方面却孜孜不倦地维持着导致疾病的一切令人痛苦的环境——实际上产生的副作用像疾病本身一样坏。"①

在中国，工业化、城市化大规模、高速度跃进的40多年来，虽然国家在政策层面不断强调坚持大中小城市协调发展的方针，但是在实际运行过程中，大城市，尤其特大城市扩张的力量比西方发达国家有过之而无不及。究其原因，除了上述城市自身存在的扩张力量外，主要与我们迫切地想实现工业化、城市化，尽快步入现代化国家行列的基本思路有关，因此囫囵吞枣或是盲目地接受西方一些城市化理论特别是关于大都市优先发展的经济理论，认为只有大城市才有规模经济效应，才能推动区域经济发展，在缺乏对世界城市化发展历史进程的系统考察和深入思考的情况下，简单地抑或盲目地将发达国家城市化的诸多发展误区当作样板、当作成功经验照搬照学。据联合国统计分析，世界城市人口增长最快的是100万人口以下5万人口以上的城市。而在中国，情况刚好相反，中国是100万人口以上的城市发展最快，比100万人口以上城市发展更快的是1000万人口以上的城市，如北京、上海、深圳、广州等特大、超大城市。

在我国，大城市、特大城市急速大规模扩张的另一个重要原因，在于我

---

① 刘易斯·芒福德：《城市发展史——起源、演变和前景》，宋俊岭、倪文彦译，中国建筑工业出版社，2005，第538~552页。

国各种公共资源的配置方式。人口向大城市、特大城市集中的主要驱动力，来自大城市、特大城市丰富的公共服务资源、更多的发展机会。在我国，各种公共服务资源均按行政级别配置，规模越大级别越高的城市，其支配公共资源的能力就越大，由此造成教育、文化、医疗等公共资源配置都向大城市集中。以2011年为例，在我国，县和县级市、地级市市辖区、省会城市市辖区的人均一般预算内财政收入比为1∶3.4∶5.4∶10.2，差距极大，县一级公共资源配置与地级市的差距大约为2倍，与省级城市的差距为4～5倍，与北京等直辖市的差距为8～10倍。

　　在工业化、城市化主导的市场力量，公共资源配置的政府行政力量，城市让生活更美好的社会舆论力量等相辅相成、推波助澜下，不可阻挡地促进了中国偏向大城市、特大城市的城市化进程。城市化是资本在空间集中的过程，同时也是风险和矛盾在空间集中的过程。这种把大量人口集中到一个非常密集的点上的发展方式，无形中放大了人类自身的脆弱性。今天当为我国取得的城镇化成绩感到骄傲的同时，也深刻体会到大城市、特大城市偏向的城市化进程带来的危机和矛盾。

　　1. 城市污染日趋严重

　　人口集中，污染跟着集中。大城市、特大城市的消费水平远远高于中小城镇和农村地区，消费水平越高，能耗就越大，废弃物就越多，污染也就越严重。城市的污水处理、垃圾处理设施建设总是赶不上城市制造的污水量和垃圾量。随着人们收入水平的提高，时尚消费、快递外卖已经成为城市居民的家常便饭，城市垃圾剧增，危及城市可持续发展的垃圾围城景象，不是个别城市的现象，而是越来越严重的普遍现象。据国家邮政局统计，"十三五"以来，我国快递包裹量以每年新增100亿件的速度发展，2019年已达639亿件，如今每天快递量超过两亿件，仅快递急速扩张带来的垃圾量就已经非常可观了。

　　2. 交通拥堵难以解决

　　在汽车时代，道路交通等基础设施建设速度总也赶不上汽车数量的扩张速度。根据对纽约交通的调查研究，1907年马车每小时行驶速度平均为

11.5 英里（约 18.5 公里），到了 20 世纪 80 年代末，小汽车在马路上的行驶速度是平均每小时 6 英里（约 9.6 公里）。① 如今，道路越多，交通越堵的"当斯定律"在中国各大城市纷纷上演。尽管拓宽马路、新建道路、建设大量高架桥和立体交通设施是各大城市基础设施建设的主要内容，但逢城必堵已经成为各大城市的普遍现象。大城市、特大城市摊大饼式发展方式，即使把全部城市面积都变成道路，也不能解决日趋严重的交通问题，大城市、特大城市正在掉入人类自己制造的种种陷阱而不能自拔。

3. 城市运行成本不断加大

大城市、特大城市需要非常高的交通运输及基础设施投入成本才能维持它们的正常运行，所以大城市保持正常运行的经济成本非常高。与此同时，在大城市、特大城市人们工作生活中花费在汽车和路上的时间与精力更多，如上海市这样的超大型城市，职工上下班平均每天花费在路上的时间为 2 个小时，这对无数人来说就是生命资源和财产的巨大浪费。大城市、特大城市资源利用成本巨大。一个大城市人口的用水量是农村地区同等人口的 5~10 倍。为了支撑环渤海湾城市群建设，国家需要投入 5000 亿元搞南水北调工程。大城市、特大城市污染处理成本居高不下。城市把人类活动聚集在一个十分有限的点上，把本来可以通过大自然以有机循环方式解决的人类排污问题也就聚集在一个点上，而且只能通过人工工程来解决。1 个大城市人口的排污量略等于 10 个农村人口的排污量，必然造成城市的污染处理成本远远高于农村地区。即使如此，大城市、特大城市还存在生活舒适程度低的问题。国际上每次评选最适宜人类居住的城市，没有一个特大城市，一般都是 5 万~10 万人口的中小城市，对绝大部分居民来说，大城市、特大城市的生活成本高，生活舒适度远远不如中小城市，国际经验表明大城市、特大城市并不适宜人类居住。

4. 中小城镇发展动力不足，缺乏活力

中国作为人口地域大国，除北京、天津、上海、重庆 4 个直辖市，加

---

① 刘易斯·芒福德：《城市发展史——起源、演变和前景》，宋俊岭、倪文彦译，中国建筑工业出版社，2005，第 563 页。

深圳和 27 个省会（首府）城市是大城市、特大城市外，还有 293 个地级市、300 多个县级市和 2 万个左右建制镇。中国的绝大部分重要工业、大学、博物馆、图书馆、体育馆主要集中在北、上、广、深特大城市及其他直辖市、省会（首府）城市，而地级市、县级市大多没有主导产业、大学等文化中心，这些中小城镇大多功能不全，发展动力不足，活力有限。特大城市、大城市与地级市、县级市在城市建设、收入水平、就业机会等诸多方面都存在巨大差距。正是这些差距，让人们更倾向于选择大城市、特大城市工作生活。这就等于将一个泱泱大国、14 亿人口的发展生存空间大大缩小，本来中国可以有一个更大的城镇化蛋糕，却因为大城市偏向的城镇化发展方式，让这个蛋糕大大地缩小了。

5. 大城市、特大城市大大扩大了人类的生态足迹

大城市、特大城市有着丰富多彩的生活，但这种生活是建立在给生态环境造成更大负担基础之上的。大城市、特大城市生活远离广大农村地区，远离自然生态环境，大城市的生产、生活和城市运行大大增加了食物链生态足迹的长度及广度，为了保证农产品远距离运输的质量和经济效益，各种保鲜技术、加工技术大大增加了食品安全的风险和难度，也大大增加了包装运输过程中的资源消耗和环境垃圾。大城市、特大城市生活，终究是一种与生态文明发展理念相背离的发展方式。

传统的向大城市集中人口的城镇化模式本身存在着一种发展悖论：大城市具备医疗、教育、交通等公共资源优势—人们争前恐后向大城市发展—大城市人口不断膨胀—大城市交通拥堵、污染严重、生活成本高昂、食品不安全、人均公共资源拥有量下降等问题相继爆发。这种情况不是中国城镇化的特色，而是世界大多数国家城镇化进程中不可避免的发展结局。

第三节　农业的弱质性及其利益流失制约了"两化"良性互动

1. 在现代工商业社会农业天然具有弱质性

农业是国民经济的基础，是民生之本，但农业是一个弱质性产业，在

现代工商业社会中，农业的弱质性主要来源于自然环境和市场环境两个方面。一是农业具有自然风险大的天然弱质性。以生命有机体为生产对象的农业，其天然的特征就是自然再生产和经济再生产相结合的一种生产。生命有机体赖以生存的自然生态环境处在变化之中，农产品绝大部分是鲜活、易腐的有机生命体，储存、运输、保管的不确定性因素很多，决定了农业产品的质量和数量总是处于波动之中，也就决定了农业受自然风险的影响非常大。二是农业的市场风险大。农产品是需求弹性小或不足商品，而农产品的市场是近乎完全竞争的市场结构，在市场经济的汪洋大海中，农民无论是作为买者还是卖者，常常处于不利地位，增产不增收的"丰收悖论"是农业领域常常出现的状况。

在中国，人多地少的基本国情又让农业的弱质性问题更加突出，农业的弱质性让农民成为最大的弱势群体。人均"一亩三分地"，是中国农业的基本条件；"一亩三分地"，让农民靠不住，也离不开，是中国农村的基本矛盾。人多地少的现实，既让农民缺少投资农业改善生产条件的足够动力，也让农民缺少追寻信息，变革农业技术的兴趣。历史经验表明，土地承载着中国农民的社会保障功能，农民拥有的"一亩三分地"直接关系着国家的长治久安，并且，随着人口的增加，土地的减少，市场化程度的不断加深，中国农民土地的社会保障功能也越来越大于土地的生产资料功能，这又让中国农业的弱质性更加突显，农业农村发展面临更大阻力。

2. 只限于田间地头生产环节的中国农业，限制了其生存发展的合理空间

长期以来，我们将农业视为一个产业，一个农产品的生产场所或车间，忽视、忽略了农村农业的其他重要功能，片面化、单一化地对待农业，致使到目前为止，在中国绝大部分地区，农业发展仅仅还是只限于田间地头生产环节和养殖环节的第一产业，这种认识和划分给农业农村带来严重的利益流失。一是除劳动力外，农业生产环节所需的其他要素价格几乎全部由外部市场决定，农民收益所剩无几或在亏损经营。在自己的"一亩三分地"上，农民的劳动力是不计价格和成本的，除此以外，农业生产所需的种子、化肥、农药、农机具、资本等的价格都由统一的外部市场决定，本身具有天然弱质

性的农产品，又在一个不确定的市场上，得来的收益极其微薄，农民还需要用这些收益支付以上由外部市场决定的生产资料、工具及资本的费用。国家的各项补贴再多，也难以弥补农业外部过剩资本不断推高的农资价格的大窟窿，这是中国农业竞争力普遍低下的一个重要原因。二是现在大力发展的大部分产业化农业，主要是借助产业资本的大规模、单一品种、工业化的专业生产，固然产量很大，但是市场风险也很大。相关研究表明，规模化的产业化农业平均三年中有一年是亏损经营或微利运行，许多农业产业化龙头企业处于亏损经营或微利运行状况。三是产量极大化目标加重生态环境危机。在亏损经营或微利运行的情况下，以追求单位面积产量最大化为目标的农民或农业产业化龙头企业只能借助于大量使用化肥、农药、地膜及各种抗生素、激素、添加剂的方式向土壤、水源、空气等生态环境转嫁生产成本危机，促使农业成为我国面源性污染的最大行业和领域。

农业弱质性及利益流失问题是工业化、城市化进程中世界各国面临的普遍性问题，目前世界各国处理这个问题，有三种典型方式：第一种是美国、澳大利亚等以大农场、规模化经营、国家大量补贴维系的早期殖民地国家，中国显然不具备这种条件；第二种是以小农场为主的欧盟国家，农业收入的至少40%依靠国家财政补贴维系，且农业的至少50%～60%是发展依靠市民的社会化、兼业化农业；第三种方式是以亚洲小农经济为主的日本和韩国的综合农协方式，就是至少95%的农民都加入综合农民合作社，政府以最优惠的政策让农民合作社免税进入所有涉农产业，包括金融、保险、房地产、餐饮、加工、销售、旅游等各种非农产业，形成农业农村发展的全产业链体系，并将这些产业中收益的至少50%返还给"三农"，以此化解"三农"困境。中国是以小农为主的人地关系高度紧张的国家，在中国的现代化进程中，可以适当借鉴日韩这样的制度安排。

第四节　现有的农业生产方式严重影响"两化"良性互动

自然、有机、自足、安全、平衡、循环是中国传统农业生产方式最大的特点，不仅保障了中华民族几千年来人们的生存与发展，也同时维系了中华文明几千年来延续不断的历史。只要是和平年代，中国的大地就是一幅纯净美好、生机盎然的田园风光，古人留下的大量田园诗句就是最好的见证。自20世纪90年代国家提倡大力发展农业产业化开始，以规模化、化学化、标准化为主要内容的产业化型农业在中国大力发展起来，并成为中国农业发展的主要方向和方式，彻底改变了中国几千年以来的传统农业生产方式。

产业化型农业的大力发展，支撑了中国经济从商品短缺时代走向商品供过于求的繁荣时代。但是今天，人们在尽情享受食品盛宴的同时，也深深陷入生态环境恶化和食品不安全的极大风险之中。其中的根本原因在于我们盲目地在工业文明的框架内，按照工业文明的方式，进入了发展产业化型农业现代化的误区。工业文明有工业文明的逻辑思维，规模化、标准化、集约化是工业化生产方式内生的基本要求，按照这个基本要求，在资本和市场的强大力量推动下，就会对植物和动物生产过程也进行标准化、规模化生产。但是农业生产过程完全是一个自然过程，强行把农业搞成工业化生产方式时，大自然和农业就会有它们的反抗，环境污染、生态恶化、食品不安全就是这种反抗的灾难性后果。其内在的逻辑在于：规模化、标准化的产业化型农业必然会演化成资本化农业，资本化农业必然是以追求资本收益为唯一目标的农业生产模式，它必然会漠视其所造成的水土资源污染和环境污染，更会漠视食品质量和食品安全问题。世界各国的大量实践表明，大多数规模化农业都会导致水土资源污染、环境破坏、食品质量安全问题等多重负外部性，并使这种愈益严重的多重负外部性，不断演化为严峻的社会安全成本。

在中国，产业化型农业现代化导致的问题主要表现在以下几方面。

1. 造成严重的生态灾难

工商业资本主导的产业化型农业现代化，彻底抛弃中国传统农业生产方式，对农业实行全面化学化，化肥、农药、除草剂是家家种地离不开的基本生产物资，导致原来基本使用有机肥不用农药的中国传统农业，完全变成了依赖化肥农药的化学化农业。当代中国，单位农田农药的使用量超出发达国家30%～50%，化肥使用量超出发达国家100%。化肥、农药、农膜、兽药等使用量的不断增多必然造成土壤板结、有机质减少、地力下降、农产品品质低劣、水源污染等诸多生态环境问题。农村地区大量使用化学品导致水源、土壤、空气等资源环境的严重污染，中国农业已经成为超过工业的最大面源污染产业。此外，以发展大量设施农业的产业化农业，掠夺性地超采地下水，造成地下水位下降、地表盐碱化等一系列生态退化问题。早在2015年，农业部副部长张桃林就指出："中国农业资源环境遭受着外源性污染和内源性污染的双重压力，农业可持续发展遭遇瓶颈。"

2. 加剧食品安全风险

规模化农业一般都实行单一植物种植，而单一植物大面积种植的抗病虫能力非常低，大量使用农药就成为必然的选择。规模化养殖也是一样，牲畜的抗病能力低下，大量使用抗生素也是必然的选择。生产者为增加产量，提高经济效益，使用激素等五花八门的手段提高产量也是必然结果。这就是产业化型农业现代化在中国从提倡到发展几十年来，"中国农业但凡商品化程度高的产品，比如肉菜蛋奶，都出问题"① 的原因。中国现在农药的使用量已达到337万吨/年，中国人每人可分摊2.59公斤/年，这些农药90%进入土壤等生态环境中。"现在国家明文规定的食物中，不能超标使用的农药就高达3650项。其中，鲜食农产品高达2495项。……受污染的农田1330万公顷。农田耕作层中DDT、六六六的含量分别为0.42ppm和0.72ppm。"② 我们给大地母亲投毒，却希望收获她甘甜的乳汁，岂有可能？其结果是食物品质下降、食品安全问题频发，食品安全问题成为困扰人们追求美好生活的大问题。化学化、标准化、规模化农业是资本收益和社会、生态收益相分离的一种农业生产方式，这种生产方式，已经严重背离了农业本身促进人类生命健康的基本功能，农业的这种发展方式显然与城乡良性互动的基本目标是背道而驰的。

① 温铁军：《2018乃至未来，中国农业将会怎样?》，东方资讯网，2018年10月19日，https://mini.eastday.com/404.html。
② 蒋高明：《每年我们吃掉多少农药?》，《环境经济》2015年第ZB期。

3. 造成巨大浪费

中国以占世界 19% 的人口拥有世界 80% 的塑料大棚，生产了全球 67% 的蔬菜，人均蔬菜产量 500 多千克，而《中国食物与营养发展纲要（2014—2020 年）》中规定的人均蔬菜产量是 140 千克。过剩的大量蔬菜必然演变为城市的大量垃圾。中国还拥有世界最大规模的养殖业：中国水产养殖产量占全球总量的 61.7%，猪肉产量占全球的 50% 左右，另外，鸡鸭等禽类的养殖数至少保持在 100 亿只以上。① 中国主要农产品除粮食一项产量占世界的比重与人口比重是一致的外，其他都是大量过剩的。其结果是菜烂在地里不收，橘子挂在树上不摘，养猪和养牛大户亏钱经营，等等，种种现象屡见不鲜，很多产业化龙头企业亏损，或微利运营，靠政府补贴才能维持；许多农业经营者没有合理收入。超量供给，造成超量消费，超量消费造成超量浪费。

上述种种现象表明，工业文明时代形成的产业化型农业现代化，已不适应当今中国经济社会发展的新时代和建设生态文明国家的新战略。进入 21 世纪，随着中国经济实力的不断增强，中国人生活富裕程度大大提高，社会结构发展重大变化，大量中产阶级兴起，人们的消费结构、消费方式已经发生了重大变化。社会的主要矛盾已经转变为人们追求美好生活的愿望与不充分、不协调、不平衡的发展之间的矛盾，中国经济发展进入了追求高质量发展的新阶段。中国农业的突出问题不是总量问题，而是结构问题：一方面好东西买不到，另一方面大路货卖不掉。农产品普通货多，供过于求；优质、生态、绿色的农产品少，供不应求。多元化、小众化、个性化的需求远远不能满足，适宜城乡良性互动发展的农业供给侧结构性改革更为迫切。

第五节　西北地区"两化"良性互动面临更多困难和问题

包括陕西、甘肃、宁夏、青海、新疆五省（区）在内的中国西北地

---

① 温铁军：《2018 乃至未来，中国农业将会怎样？》，东方资讯网，2018 年 10 月 19 日，https://mini.eastday.com/404.html。

区，地处内陆，面积广大，山地多于平地，并以生态环境极为脆弱著称于世，在国家主体功能区规划中，多数地区属于限制开发区和禁止开发区，不适合人类生存和发展。在中国历史上，甘肃、陕西一些地区曾经是中华民族的发源地和繁荣区；在现代化进程中，西北地区与东部地区的发展差距持续扩大。就当下来说，西北地区经济社会发展水平不仅远远落后于东部地区，也落后于全国平均水平。受此自然地理条件和经济社会发展水平制约，前面论述的影响城乡良性互动的种种矛盾和问题，对于西北地区来说绝不是例外，而是更为严峻的大环境、大趋势，不仅如此，西北地区的城乡良性互动发展还受一些特殊因素的制约。

1. 资本、人才大规模流向东南沿海发达地区，严重削弱西北地区的自我发展能力

西北地区的资本、劳动力等重要生产要素不仅存在从农村大规模流向城市的问题，而且还存在从大中小城市大规模流向东南沿海发达地区的问题，长此以往，这种趋势严重削弱了西北地区的自我发展能力。资本主导下的现代经济发展模式主要以大城市为主，而且还遵循着富者越富、贫者越贫的市场经济规律，对西北地区来讲，这种发展方式的代价和成本更高。在西北地区，资本、人力资源等要素资源，在农村、小城镇、中小城市、大城市、特大城市、东南沿海大城市之间形成一级流向一级的趋势，这种趋势不仅必然让西北地区的农村处于绝对劣势地位，而且也让西北地区的中小城镇甚至大城市处于相对劣势地位。这种机制让资本和优质劳动力本来就稀少的西北地区雪上加霜，让区域发展不平衡问题不断加剧，由此导致的区域不平衡问题与"三农"问题、城乡差距问题叠加，负面效应不断增强，成为制约西北地区新型城镇化与农业农村现代化实现良性互动的基本矛盾和问题。国家支持西部大开发和平衡区域发展差距的大量资金，犹如下在西北干渴大地上的几场大雨，未及深入滋润这方泥土，旋即汇入东去的滔滔江河，终归又流向东南沿海发达地区。大批高端人才纷纷飞往东南沿海地区，让西北地区的开发与发展缺少必要的人力资源支撑，严重削弱了西北地区的自我发展能力。改革开放以来，著名学府兰州大学

流失人才的数量远远超过了目前在校教授和副教授的总数。在工业化、城市化发展大潮中，城乡二元矛盾突出的西北各省（区），仅仅依靠农业收入，根本无法支撑日益庞杂的日常开支，为了增加农民收入，加快改善农民生存状况，劳务输出成为西北各省（区）大力提倡和发展的重要产业，在西北农村超过90%家庭都有外出打工人员。大量的劳务输出让农民快速增加收入，改善生存状况的同时，也意味着西北地区大量青壮年农村劳动力的流失，这又从根本上削弱了农村发展的根基和活力。

2. 西北地区地域辽阔，以大城市为重点的城镇体系不利于城乡良性互动

西北地区是中国土地面积最大的区域，全区总面积311万平方公里，约占全国总面积的1/3。城区常住人口最能准确反映一个城市的实际人口规模及城市的能级和影响力。全国2019年城区常住人口前50名排行榜的数据显示，西北五省（区），只有三个省会（首府）城市进入排行榜，其中，西安市城区人口为493.86万人，排名在第15位；乌鲁木齐市城区人口为294.94万人，排第28名；兰州市城区常住人口为252.64万人，排第36名。西北地区的城镇体系普遍存在以下问题。

一是西北地区大城市数量少，并且大城市的吸纳集聚作用远远大于辐射带动作用。相对全国其他区域，西北大城市数量较少，除古都西安外，其余都是依靠国家特殊时期大力开发的工业城市，如兰州、西宁、银川、乌鲁木齐，其产业体系主要是以能源、原材料的开采、加工等重化工业为主，国有大型企业较多，民营经济发展不足，重化产业发展与中小城市的产业发展之间难以形成有效的分工协作关系，对中小城市的辐射带动作用十分有限。在西北地区，作为区域政治、文化、经济中心的省会（省府）城市一般首位度较高，其经济社会文化发展水平一般都远远高于其他中小城市。省会（首府）城市对区域经济发展的吸纳、集聚效应显著，对中小城市及周边地区的辐射带动效应明显不足。

二是西北地区有80多个中小城市散布在广袤的大地上，密度较低、分布不均衡、大部分中小城镇没有特色。城镇，上不能有效衔接大城市，下

不能广泛连接广大农村地区。西北的绝大部分中小城市,特别是县级小城市,大多是消费性的行政中心城市,基本的生活服务业较发达,其他生产性服务业比较欠缺,且层次较低,公共服务、基础设施落后,城镇发展普遍缺乏产业支撑,绝大部分县级中小城镇基本依靠国家财政转移支付维持日常运转。

三是中小城镇服务农业农村的功能缺失。中小城镇的主要功能是服务周边农村和农业发展。但西北地区大部分中小城镇,包括县级市,主要是区域行政、文化中心,最多为周边农民农村提供日常消费商品和基本生产资料。在对中小城镇的调查中课题组了解到,真正服务农村、农民和农业发展的许多生产性服务业服务功能不完善,服务也非常不到位。新中国成立以后初步建立起来的为农服务体系"网破、线断、人散"后,至今再也没有建立起系统、完善的为农服务组织。在西北地区的小城镇,农村急需的农业科技服务组织机构杂乱,各类农业科技服务机构,如农业的种植养殖技术服务组织、科技信息服务组织、气象服务组织基本都处于分散、局部、不成体系的状况中。这使得大量的农户,包括种植和养殖大户,得不到及时的、常态化的农业科学技术方面的指导,导致农业品种创新、土壤改善、农作物栽培、农业田间管理、农产品深加工等农业科学技术在农村地区的应用范围不广、应用水平不高,科技对农业生产的调整与提升的力度不够等诸多问题。而在注重城镇均衡协调发展的德国,所有小城镇都是农业、林业、饲养业、手工业及服务业的集聚地,在德国 35 万个各类农业(含林业、牧业、园艺业)企业中,有相当多数量的企业分布在小城镇。[①]中小城镇服务农村农业的功能缺失问题,不仅是西北大部分地区的农业生产方式因循守旧,农业生产力水平长期处于落后状况的重要原因,同时也是西北地区中小城镇发展缺乏一定的产业体系支撑的重要原因。

西北地区大部分中小城镇难以吸引资金、人才、项目,西北地区总是处于缺乏资金、人才和项目,又留不住资金、人才和项目的恶性循环中。

---

① 丁声俊:《德国小城镇的发展道路及启示》,《世界农业》2012 年第 2 期。

资金、人才、项目是任何地区进行开发的必备条件，西北地区城镇体系结构及其发展状况造成的这种不平衡、不协调性成为西北地区实现城乡良性互动关系的重要障碍因素。

3. 严酷的自然地理环境，让西北地区的产业化型农业现代化总是处于劣势

与东部地区相比，整体上，西北地区农业发展的自然环境比较恶劣，农业发展的基础条件较差。主要表现在以下几方面。

一是耕地的光、热、水的配合协调度差。西北地区虽然土地广袤，但高原山地、戈壁沙漠所占比重近70%。耕地主要分布于黄土高原、陕西盆地，还有少部分零星分布于青藏高原、河西走廊等地。可利用耕地中，水、土、光、热条件组合较好的只有很少的一部分，大部分是有水的地区，耕地少，如陕西、甘肃南部地区；耕地多的地区，又缺水，如新疆吐哈盆地、河西走廊等地。大部分地区的水、土、光、热条件组合搭配协调性较差，尤其是干旱缺水问题，是西北地区农业生产率低下的一个重要因素。

二是耕地数量虽多，但耕作质量和条件较差。西北五省（区）共有耕地1611万公顷，人均耕地2.7亩，比全国人均水平多1.15亩。但是受内陆气候的影响，降水量偏少，气温较低，绝大部分土地植被稀疏，有机质含量低，腐化慢，加之大部分黄土区耕地抗侵蚀能力弱，土壤养分大量流失，导致土壤肥力不足；许多地区的农业靠天吃饭，土壤墒情普遍较低，农业生产的稳定性差；西北地区山地比重大，许多耕地是开垦的梯田地，山坡地比重大，耕作艰苦，耗时耗力，投入产出不成比例。西北地区不适合耕种的土地大约有400万公顷，其中160万公顷耕地的坡度大于25度，240万公顷耕地的坡度在15~25度之间，比较平整的耕地不足45%；水源缺乏，灌溉条件较差。西北地区的有效灌溉耕地为640多万公顷，大约占耕地总面积的40%，除新疆外，其他四省（区）的有效灌溉耕地面积比重均大大低于全国平均水平，其中甘肃省有效灌溉耕地面积不足20%。

三是人地矛盾突出，掠夺式、超强度开发，致使土地的生产力水平比

较低下。由于西北地区土地产出率非常有限，人口承载能力较弱，在西北地区土地广阔的背后，依然存在突出的人地矛盾。如果按联合国半干旱、干旱地区人口承载力标准衡量，西北五省（区）除青海基本接近衡量标准外，其他4省（区）都大大超过衡量标准。西北地区开发历史久远，长期对土地的高强度开发，加之现代化进程中，在向农业要效益、要增收的发展理念支配下，对土地的开发强度自然居高不下，对土地滥垦、滥采、滥伐等掠夺式开发屡禁不止，导致西北地区土地的生产力水平长期处于较低状态。西北五省（区）单位播种面积的粮食产量，仅为全国平均水平的74.41%。

四是土地的块状化、碎片化问题非常突出，小农经济仍然占据农村经济的主导地位。西北地区除关中平原、河套平原、新疆吐哈盆地有大片连续耕地外，其余地区受自然地理条件限制，土地的块状化、碎片化问题非常突出，规模化、标准化的产业化型农业现代化在西北的发展常常面临资源环境的强制约，一家一户的小农经济仍然占据农村经济的主导地位。在市场经济大潮冲击下，西北地区组织化程度极低的小农经济，与恶劣的自然地理条件及农业的弱质性三者相重叠，让西北地区农业的收益不足以维持农民家庭的日常开支，甚至不能维持农业基本的再生产，劳务输出成为各省区争相大力推动的产业，大量农村劳动力离开土地，外出打工，许多农村靠打工经济维持基本运转，农业几乎成为农民的副业，农业兼业化成为普遍状况，西北地区到处都是"三农"问题专家贺雪峰总结的"以代际分工为主的半工半耕农业和农村"，这是西北地区农业和农村经济社会的基本状况，也是目前和未来关于西北地区农村的任何发展战略和发展方针必须面对的基本现实。

4. 脆弱的生态环境与国家生态屏障的主体功能，让西北地区处于生态环境治理保护与加快发展经济的巨大困扰和矛盾之中

西北地区的生态环境具有天然的脆弱性。举世皆知，在西北地区有四大生态现象：土壤沙化、草场退化、土地盐碱化和水土流失。西北五省（区）中，甘肃的荒漠化土地总面积达到19.34万平方千米，占全省土地

总面积的 45.4%；青海的荒漠化土地面积达到 12.52 万平方千米，占全省土地总面积的 17.4%；新疆荒漠化土地面积高达 79.59 万平方千米，占全区土地总面积的 47.7%；并且，西北地区的荒漠化土地还以每年 0.2 万～0.3 万平方千米的速度增加。中国草地退化面积约 1.35 亿公顷，绝大部分发生在西北地区，退化严重的地区平均产草量已经下降了 30%～50%。西北地区土地次生盐碱化面积已达到 3000 万亩，全国 1/3 以上的盐碱化土地在西北地区。

后天不适当的开发方式让西北地区脆弱的生态环境更加恶化。在贫穷落后基础上建立的新中国，吃饭问题就是天大的问题，为了吃饭，"以粮为纲"就是农业发展的基本方针，为此，完全不顾西北自然地理和生态环境的特殊性与脆弱性，为增加耕地和粮食产量，解决温饱问题，西北地区从 20 世纪 50 年代开始，进行了三次大规模毁林开荒、毁草种粮、垦荒种粮行动，致使西北脆弱的生态环境雪上加霜。人民公社时期，"以粮为纲"，大量开垦草原，造成牧场减少，土地沙化；"文革"时期，错误地提倡"牧区向农区过渡"，再一次大肆开垦草原；20 世纪 90 年代开启农业产业化进程之初，在"美好"发展前景和巨大经济利益的诱导下，西北地区又进行了一波开荒种地、毁牧种地，大力发展农业产业化的错误行动。这种不顾自然地理条件、盲目发展农业生产的行为，让西北地区原本脆弱的生态环境雪上加霜，生态资源遭到极大破坏，生态状况更加恶化。

但是，西北地区脆弱的生态环境却必须肩负保护国家生态安全、筑起国家生态屏障的历史重任。西北地区是中华民族赖以生存和发展的重要水源涵养地，几千年以来一直孕育着黄河、长江、澜沧江等众多关乎民族兴亡的大江大河，在国家主体功能区规划中，国家划定的大量禁止开发区和限制开发区就在西北地区，它们是国家生态安全屏障的重要组成部分。西北地区生态地位的这种特殊性与生态环境的脆弱性相结合，使得西北地区在传统的工业化和城镇化发展模式下，处于极大的矛盾和困扰之中。

西北绝大部分地区以"苦寒"闻名天下，在古代，西北地区历来是中原地区"不良"人群的发配、充军之地。到了现代社会，尽管经济发展水平和科学技术水平相比过去有了极大提高，工作生活环境与古代相比不可同日而语，但是西北地区生态环境和地理气候条件的先天制约性，决定了西北地区的发展条件劣于东部地区，也决定了在市场化大潮中西北地区与东南沿海地区相比必然处于劣势。尽管国家有西部大开发战略等许许多多支撑西北发展的扶持政策，但都无法抵挡西北地区大量人才、资金、技术等重要发展要素"一江春水向东流"的大趋势。

尽管如此，在今天以世界各国的发展情况来看，同等自然环境条件下，也有不少地区和国家发展得比较好，如以色列等国，谁能说以色列不是发达国家？如果发展理念和思路适当，同样生态环境条件下，一个地区或国家也能够发展得比较好。说明西北地区的发展劣势也不全是先天性的客观因素所致，从西北地区发展的具体实践来看，与西北实际发展条件不匹配的发展理念和思路政策等主观因素与制度因素，也是造成西北地区总是处于发展劣势的重要原因。主要表现在以下几方面。一是发展理念和评判标准的单一化、统一化，让西北地区在 GDP 指标为唯一发展标准下处于劣势地位。改革开放以来，以发展外向型工业为主的东南沿海占尽发展先机和优势地位，在现代工业化、城镇化进程中将西北地区远远抛在后面。工业文明时代，工商业是最能创造 GDP 的现代产业，而近现代工商业更适宜在沿海地区发展，西北地区囿于区位因素、国家生态安全屏障的功能定位，决定了西北地区在以 GDP 论"英雄"、发展至上的时代必然处于不利局面。标志社会发展的指标、人类幸福的指标，除 GDP、高收入以外，还应该包括良好的生态环境、干净的水源和空气、较多的休闲时光、宽松的生活环境等，如果将衡量社会发展和人类幸福程度的指标进行多元化设置，各地有各地的优势、各地有各地的长处，让人们在多元化指标中选择自己合意的工作生活环境，才是生态文明时代该有的发展理念和思路。二是在国家主体功能区规划中，西北地区大部分区域被划分为限制开发区和禁止开发区，生态环境脆弱的西北地区，肩负着国家生态屏障安全重任，但是，在西北地区并没有建立起与生态保护和治理重任相适宜的现代产业体系，对国土的生态保护和治理绝对是一个世纪大工程，对于国家和民族的长治久安和永续发展，其重要程度、深远影响及其付诸行动的复杂程度不亚于国家的工业化、城镇化进程。

区域的地理生态环境条件不同，发展方式应该不同。在生态文明时代，亟须构建与西北地区地理生态环境相适宜的发展理念、发展模式及其产业体系，延续现有的发展理念和发展模式，西北地区的发展很难有重大突破。

第七章 国内"两化"良性互动的
实践与探索

21 世纪以来，在国家新农村建设、城乡一体化战略、城乡融合发展战略及乡村振兴战略的大力推动下，全国各地积极探索有利于城乡良性互动的各种具体实践，其中已涌现出许许多多的发展模式和典型案例，如浙江的安吉、四川的战旗村、江苏的桠溪国际慢城、河南的郝堂村等，它们的发展思路和发展模式已成为促进西北地区"两化"良性互动可资探讨、研究和借鉴的典范。

第一节 浙江安吉县——绿水青山就是金山银山

安吉县隶属于浙江省湖州市，地处长三角的腹地，气候宜人，雨量充沛，环境优美，农业资源丰富，是杭州都市经济圈重要的西北节点。曾经的安吉依靠先天具备的矿产资源优势，以单一采矿业为经济支柱，造成环境极度污染，生态严重破坏，空气长期污浊，村民为挣得微薄的收入不仅承受着高危的职业风险，而且生命健康受到严重危害。如今安吉县人与自然、经济与社会和谐发展，不但恢复了良好的生态环境，而且生态优势已转化为以生态农业、生态工业、生态旅游为载体的经济优势，"绿水青山"名副其实成了当地的"金山银山"。

1. 坚定不移走绿色发展道路

国内外经济发展实践表明，当一个国家或地区处于较低的经济发展水平时，往往会为了短期的经济利益，解决温饱问题，而不惜破坏生态环境，走"先污染后治理"的道路。曾经很长时间里，安吉县以余村为代表，在加快发展中走上了粗放式开采矿山的发展之路，虽然养活了一方百姓，但空气恶劣，伤亡频发，植被锐减，死鱼泛滥，百姓多病，是以血肉为代价换来的表面的"富"和短期的"富"。关闭矿山意味着集体经济收入和农民个人收入的严重下降，面对以 GDP 为标准衡量地方政绩的大环境，他们在"要经济发展快速增收"与"要生态环境永续受益"的思想矛盾中激辩和反复。2005 年时任浙江省委书记习近平视察余村，就当地发展方向指出，安吉离上海和苏杭仅一两个小时车程，经济发展到一定程度逆城市化现象会更明显，应好好发展生态旅游，提出"绿水青山可带来金山银山，但金山银山却买不到绿水青山"，"必须懂得机会成本，善于选择，学会扬弃，做到有所为有所不为"①，直到此时听到习近平总书记语重心长地分析，安吉人才彻底下定决心要谋求绿色发展，他们果断提出"生态立县"的主张，并大刀阔斧谋划实施，最终让这个山村及其所在的安吉县变成"中国美丽乡村"和第一个获得联合国最佳人居奖称号的县，真正走上了"绿水青山就是金山银山"的绿色生态发展道路。

2. 持续优化农村生态环境

生态环境是绿色发展的基础，2003 年习近平在浙江全省提出了"千村示范、万村整洁"行动，余村从那时起就开始着手改变脏乱差的乡村环境，特别是在确立了"生态立县"的发展道路后，乡村生态环境治理的力度变得更大。原来全村各处的垃圾露天堆放，臭气熏天，时间长了村民们烧一把火了事，蚊虫滋生，空气污浊，细菌传播。为了改变这种状况，村里统一配备了分类投放的清洁桶，在村里聘请专门的保洁员常态化维护全村卫生环境，发展十多名义务道路保洁员参与保洁并进行示范，农田实行

---

① 习近平：《之江新语》，浙江人民出版社，2007，第 153 页。

科学配方施肥和用药管控，加强河道治理，禁止污染企业入驻村子，人们逐步改变了陈规陋习，形成了良好民风，绿树青竹掩映，余溪流彩闪耀，布谷清脆鸣叫，环境的变化直接带来了百姓身体素质的提升，村里的寿星越来越多，健康人群越来越壮大，成为走生态之路的践行者和最大受益者。

3. 千方百计发展生态产业

安吉县在着力恢复良好的生态环境的同时，立足优势重点谋划发展乡村旅游、安吉白茶、竹制精品、生态农场等生态产业。余村借助地处长三角几何中心的区位优势，利用本地生态环境良好、气候温和湿润的条件，努力将大自然的生态美与现代文明融为一体，发展起了几十家农家乐，它们集住宿餐饮、农事体验、余溪漂流、乡村旅游、周边景区游等多元化个性化内容于一体，吸引的国内外游客络绎不绝。安吉白茶是绿茶中的首选，具有特殊的保健功效，味道鲜爽醇厚，甲级明前茶1斤售价七八千元，有的甚至超过万元，稀少昂贵的白茶为村民提供了稳定可观的收入。葡萄种植不喷洒任何农药化肥，口感和含糖量独一无二，生态健康，而竹园和葡萄园里散养的鸡鸭，既吃虫子和草，又能产出原生态的蛋和肉鸡，粪便留在田园里当肥料，实现了绿色循环发展。安吉竹海号称我国四大竹海之一，如仙境般的安吉竹海因知名影片《卧虎藏龙》更是名声大震，毛竹还使农家乐有源源不断的鲜笋供应。安吉县立足四十余种安吉竹，成立了由"竹界国宝"张齐生院士为技术权威的研究院，立足顶级技术设备和高品质产品，成为北京奥运会国家会议中心唯一指定使用的专用地板、上海世博会场馆外露天景观专用地板与嘉宾餐具的供应商，以竹延伸开发的竹编、竹毯、竹纤维服装等更是琳琅满目。安吉县鲁家村号召离开本村打拼的能人做村里顾问，并吸引到一大笔投资，将村庄连片打造整体开发，设计实施了最美乡村景区规划，村基础设施完全改头换面，土坯房和露天厕所改成了小楼房和水冲厕所，将村委会建成游客中心，已建成灵芝农场、牡丹农场、果园农场、竹园农场、桃花农场、葫芦农场、葡萄农场、钓鱼农场、中药农场、花海农场、红山楂农场、高山牧场等。

4. 首倡建设中国"美丽乡村"

"美丽乡村"最早是浙江省湖州市安吉县在社会主义新农村建设过程中提出来的。从 2008 年起,安吉县以"村村优美、家家创业、处处和谐、人人幸福"为总体目标,以"尊重自然美、侧重现代美、注重个性美、构建整体美"为主要原则,以"环境提升工程、产业提升工程、服务提升工程、素质提升工程"为基本路径,全面开展"中国美丽乡村"建设行动,呈现出一村一品、一村一韵、一村一景的大格局。2008 年,浙江省湖州市安吉县正式提出"中国美丽乡村"计划,出台《建设"中国美丽乡村"行动纲要》,预计用 10 年左右的时间,把安吉县打造成中国最美乡村。对此,2009 年,中央农村工作领导小组办公室主任陈锡文评价说,安吉进行的中国美丽乡村建设是中国新农村建设的鲜活样本。"十二五"期间,受安吉县"中国美丽乡村"建设的成功经验影响,浙江、广东、海南等地区都相继提出要建设美丽乡村。2013 年中央"一号文件"第一次提出了要建设"美丽乡村"的奋斗目标,要求进一步加快农村地区基础设施建设,加大环境治理和保护力度,营造良好的生态环境,增加农村地区经济收入,促进农业增效、农民增收,统筹做好城乡协调发展、同步发展,切实提高广大农村地区群众的幸福感和满意度,由此全国掀起了建设"美丽乡村"的热潮。

第二节　四川省战旗村——三产融合发展与就地城镇化

四川省郫都区战旗村位于成都市西南,距市中心城区 16 公里,有耕地 2158.5 亩,9 个农业合作社,506 户农户,村民 1682 人。战旗村全力深化农业农村综合改革,着力发展村集体经济,推动农村资源变资产、资金变股金、农民变股东,成为农村一、二、三产业融合发展和农民就地城镇化的典型。

1. 以农业农村改革破局

战旗村长期以来走在改革创新道路的前列,早在 20 世纪 70 年代就率先发展村集体企业，21 世纪以来更是统筹规划，提出"村庄经营"理念，他们率先以市场化机制通过城乡建设用地增减挂钩政策实施土地综合整治，在县城城区边缘整合节约出 200 多亩建设用地，通过城投公司融资9800 万元实施土地综合整治和新型社区建设，实现了村民集中居住，实现土地收益 1.3 亿元。2011 年全村开展土地确权登记，通过村集体注资，及鼓励村民以耕地承包经营权入股，建立土地股份合作社统一管理，成为全市第一个集体经济组织与企业合作开发集体建设用地，以土地作价入股发展实体经济的村。战旗村还设立耕地保护基金，创新城乡基本公共服务均等化和社会管理一体化机制，加强基层民主治理，有效实现了农业农村现代化和城镇化的互动发展。党的十八大以来，战旗村深化农村新型经营主体、农村土地集体产权、农业社会化服务体系等综合配套改革，率先开展清产核资和股权量化，成为全省农村集体经营性建设用地入市的第一村，形成了一、二、三产业融合发展的体制机制。

2. 一、二、三产业融合发展

股份合作社统一管理的土地，有的让种植大户经营，形成蔬菜、苗木等家庭农场，有的引进杏鲍菇等龙头企业实行专业化经营，有的用于建设农业示范基地，发展高端设施农业，有的与房地产企业合作开发生态旅游项目，已建成有机蔬菜基地 800 余亩，发展起榕珍菌业、满江红等 16 家企业，引入了京东云创平台和人人耘智慧农业，培育出众多农业合作社及农产品品牌，农业生产、加工、营销链条不断拓展，农业多元化功能不断开发。战旗村"5 季花田"景区以花田新村、妈妈农庄等为特色资源，以薰衣草花田为核心竞争力，为游客提供了高品质的休闲环境。而农业公园项目更以农业养生、天府风情小镇、农业科技园、乡村十八坊为特色打造生态田园小镇，使种苗培育、榕珍菌业、季节蔬菜、商业风情街、田园酒店、商务会所等集聚发展，形成了集设施农业、生态农业、景观农业、科技创新、现代商务于一体的综合型现代农业园，实现了全产业链融合发展与村民的稳定就业。2017 年，战旗村集体资产达到 4600 万元，村集体经济收入 462 万元，村民人均可支配收入 26053 元，高出全区平均水平

1993 元。

3. 社会文化事业全面发展

战旗村努力推进农民就地城镇化，在实现农民集中居住的同时，倡导规划建设"20 年不落后"，村民家家配备了车库，居室内有独立卫生间，居民用上了洁净方便的自来水和天然气，新型社区周边幼儿园、公交车、超市等公共服务设施一应俱全。战旗村非常重视村民文化建设，建成的文化大院配备有电子阅览室、多功能活动室、排练厅等，组建了少儿舞蹈队、老年腰鼓队、青年演唱队等群众文化演艺队伍，成为全区规模最大的村级思想文化建设平台和文化活动中心。战旗村深入挖掘和传承地方特色，他们开设了郫县豆瓣博物馆，通过传统晒场、蜀酱坊、郫县豆瓣中国非遗印象主题馆、郫县豆瓣传统制作展示基地、非遗文化大院体验区等展区，使历时三百余年的郫县豆瓣地方名优特产品，有了更高的经济价值、文化价值、品牌价值。

第三节　江苏桠溪国际慢城

桠溪国际慢城地处南京市高淳区的桠溪镇，面积 48 平方千米，人文历史底蕴深厚，是整合了丘陵生态资源，集生态农业、农事体验、休闲度假、生态观光等为一体的综合性旅游胜地。2010 年 12 月高淳区"桠溪生态之旅"被国际慢联授予"国际慢城"称号，成为中国第一个国际慢城。

1. 绿色发展与慢城理念高度契合

慢城理念为慢生活慢节奏，主张人和自然都回归自然状态，遵从本性，从容淡定，遵从人的内心放松心情，遵从自然回到本真状态。绿色发展与慢城理念不谋而合，它们的契合点就在于回归到最本真、最自然、最舒适的状态。多年来，桠溪倡导走绿色发展之路，人口限定不超过 5 万人，全力在生态农业、无公害农产品和水产品上做文章，要求不得使用转基因种子、农作物和食品，崇尚和恢复东方传统农耕文明，倡导有机天然的原生态生活理念和生活方式，积极培育壮大绿色有机产品，创立注册地方知名品牌 200 余个，成为江苏重点水产品和绿色食品生产基地。它以生态农业和生态旅游为支柱产业，种植只用有机肥而不用化学肥料，且坚决不允许有污染、高能耗、低附加值的粗放发展企业入驻桠溪，其已建成宜居宜业的桃花、杏花、石榴、菊花等生态农业示范村。

2. 美丽乡村与慢城要求高度一致

美丽乡村内涵丰富，既包括了人与自然、人与社会的和谐发展，更包含了政治、经济、文化、社会和生态建设"五位一体"的要求，其核心要求体现在"生态之美、富足之美、生活之美、文化之美、文明之美"上。桠溪国际慢城与国家提倡的美丽乡村的要求不谋而合，桠溪国际慢城具有三分山、两分水、五分田的生态黄金比例，山水林田湖相得益彰，朝气蓬勃的向日葵花园、高雅浪漫的薰衣草花园、连绵起伏的有机茶园、绚丽多彩的波斯菊园汇集成美丽的艺术殿堂。桠溪国际慢城建设中尊重原住民，不搬迁一户村民，水电路及现代通信设施配备完善，景观规划设计独特，旅游度假、休闲娱乐、观光体验等综合旅游项目丰富，不仅为外地游客带来了世外桃源般放松心情的环境，通过隐院书院等为人们提供了院落式乡村文化创意空间，还依托生态旅游及有机茶、经济林果等生态农业使村民的生活越来越富足。桠溪国际慢城人文资源丰富，有许多重要的历史遗址和遗迹，而代代相传的良好民风也使它有着深厚的文化内涵和文明素养。

3. 城乡融合、产城融合，全域一体化发展

桠溪小镇没有工业企业，依托国际慢城与特色生态资源，已经成为集旅游观光、生态休闲、娱乐度假、特色农业、民俗文化于一体的宜居小镇。全镇以最美乡村、绿色经济、文化传承与保护为三大特色，形成全域联合错位一体化关联产业发展模式，经济效益逐年提升，走出了一条多彩的致富之路。桠溪乡村旅游每增加一个就业人数，就能使涉及的产业链增加五个就业机会。一个年接待十万人次的乡村旅游点，可实现营业收入 1000 万元，从而带动 1000 余户家庭增收。桠溪在发展中实现了慢城发展与生态保护同步提升、经济增长与富民惠民同步推进、都市农业与美丽乡村同步发展的理念，桠溪小镇已经发展成为中国乃至世界悠闲宜居之城、

和谐安康之城的典范。

第四节　杭州南苑街道——从城郊乡村到新城中心

南苑街道位于钱塘江下游长三角南翼，是临平副城的核心区，常住人口近 7 万人。南苑在改革开放前叫作余杭县翁梅公社，改革开放后改称为翁梅乡，当时整个村子十分荒凉，村民们陈旧的土木住房稀疏分布。1992年翁梅乡并入临平镇，2000 年临平向南拓展建设。2001 年南苑街道成立，使这片 28 平方千米的土地步入了快速、高质量的城镇化发展轨道。

1. 打造低碳生态智慧城市

南苑乘着城市建设发展的东风从城郊乡村起步，其并未追求外在的钢筋混凝土造就的现代城市气息，而是将自然生态和以人为本理念融入其中，突出城市品质，突出城市高质量发展。南苑以"整治非法、淘汰落后、优化产业、规范提升"为总思路，重点整治低散乱企业和小作坊，同时，综合整治迎宾大道，突出绿化美化生态环境，结合雨污合流整改、污水治理、美丽乡村建设、风景田园整治专项行动等全力打造南苑风景线。南苑街道建设了"城市客厅"智慧管家平台，通过融合运用大数据、云计算、物联网、视频监控等新技术，使垃圾桶、路灯、井盖、公厕、违停车辆与河道监测、消防安全警示等都变得智能化，城市管理服务效率显著提升。

2. 产业转型升级提质增效

南苑原先有个名不见经传的绣花厂。改革开放后，企业大刀阔斧地加快体制机制改革，进行产业结构调整，面向市场优化工艺和创新产品，突出产品个性化设计，开发培育自主女装品牌，线上线下运营，已成为工业年产值 4 亿元、职工超千人的杰丰企业集团。南苑境内的艺尚小镇是中国服装行业"十三五"创新示范基地，中国服装杭州峰会、中国（杭州）跨境电商峰会、亚洲时尚联合会中国大会、中国时尚大会——金顶高峰论坛等重要的行业高端活动都在这里举办。南苑作为余杭区南大门的经济、金融和文化中心，有西子国际、IFC 互联网金融中心等几十座商务楼宇和商业综合体，聚集着趣迈等大批优秀电商企业，有以服装设计为主的远华F5、东湖电商创意园，有以企业咨询和软件开发为主的启业科创园，有以跨境电商为主的华星正淘、邮E邦，有以软件研发、电子商务为主的555电商园。

3. 空间拓展生活更加宜居

南苑地处临平副城核心区，区位条件优越，是余杭联结杭州主城的桥头堡，现有沪杭高铁、沪杭高速、杭浦高速、申嘉杭高速等重要交通线路交会。2018年年底南苑东湖高架桥也建成通车，作为余杭区"三路一环"快速路网中的"一路"，成为临平沟通杭州主城、下沙副城、江南副城及萧山机场最便捷的道路，对加强杭州主城区与余杭区的联系意义重大。

第五节　河南信阳郝堂村模式

河南省信阳市平桥区郝堂村位于大别山余脉，夏热冬燥，雨量丰沛，林木众多。全村2140人，主要从事种植养殖业，经济作物有茶叶、板栗等。郝堂村顺应城市居民向往田园生活、无处寄托乡愁、乡村旅游需求持续增大的趋势，充分挖掘民俗文化，依托自然山水环境，盘活乡村土地，发展集循环农业、创意农业和农事体验于一体的田园综合体，构建起城乡综合发展新空间，新时期"看得见山、望得见水，记得住乡愁"的中国乡村建设理想在这里实现。郝堂村走出了一条由基层政府部门、乡建专家团队和本地村民共同缔造，既保持村庄面貌和内在社会结构，同时又融入了现代元素的郝堂之路，郝堂村已成为中国乡村振兴的一个经典成功范例。

1. 内置金融，郝堂模式成功的关键举措

2009年，当地政府接受了著名三农学者李昌平的建议，容许郝堂引入中国乡建研究院探索出的"昌平模式"，成立夕阳红养老互助合作社。"昌平模式"的目标是以村社内置合作金融为基础，创建内置金融村社联合体，实现市场经济条件下组织农民、集约经营，流转交易产权、推动中国乡村复兴。内置金融利用了农村熟人社会的道德约束力，解决了农村信用社体系与农村发展实际难以对接的瓶颈问题。与此同时，在建立合作社的过程中，村民也学会了合作、民主和妥协，建立起了村级共同体，激发了村庄的凝聚力，由此带动了村庄的整体进步。郝堂村金融合作社的资金总额，已经从当初的 34 万元增加到 2017 年的 1000 多万元。郝堂的实践证明，金融合作社是乡村效率最高的一种合作社，不借助资本下乡，乡村同样可以振兴。

2. 着力厚植历史文化底蕴

郝堂村原本就具有较好的历史文化资源，它既是著名作家白桦和叶楠的故乡，是翰林编修所在地，也是民国时期河南省省长陈善同生活过的地方，留存有陈善同故居。郝堂村发展中不仅借力已有人文资源加大宣传，将英烈张玉珩的故居建为博物馆，用来陈列郝堂村事迹，而且深入挖掘历史文化资源，将村里 130 余年树龄的国家五级古树腺柳和照清禅院 400 年树龄的大银杏树打造成重要的景观，使郝堂村历史文化底蕴变得更加厚重。

3. 回归自然把乡村建得更像乡村

把农村建设得更像农村的核心内容是现代思路与传统文化互动交融，发现乡村之于现代生活的地位和价值，让乡村和农民带着自己的文明方式，带着传统文化的基因，有尊严地进入现代生活。也就是要坚持乡村建设不是以城市为样板，而是农民自己的村庄，各种建设理念必须以农民的利益为本，以有利于农村发展为本，对待村庄自然风貌坚持四条底线：不砍树，不填塘，不挖山，不扒房。尊重自然环境，尊重村庄的文化肌理，尊重群众的意愿，对原有房屋、院落的结构功能进行复原或装饰，在细节上突出当地传统文化和豫南民俗特色，房屋外墙不贴瓷砖、不抹水泥，保留传统的土坯、砖瓦结构，内部的装修则根据人居需要进行现代化改造。改造后的郝堂，村容村貌大为改观，传统文化要素得以保存，并与当代生活生产要素进行重组，使村庄既散发了传统村落安详从容的魅力，又充满了时代气息。郝堂村是一个依山傍水环境优美的乡村，乡村发展顺应原本的地形地貌和河流走势设计规划，充分利用自然存在的发展条件因势利导，不仅建成了人性化且具有地方特色的树林、茶园、门楼、荷塘等，而且尊重村民意愿，结合现代、生态和舒适要求对村民住所进行了优化改造，使自然生态景观与现代景观要素融为一体，在乡土社会洋溢出舒适宜人和生态化的气息。

4. 建设共建共享共富的田园综合体

为了发展田园综合体，郝堂村着力建设城乡共享的基础设施，实现了城乡路网、园林绿化、路灯照明、城乡供水、教育医疗、垃圾污水处理、住房保障等基础设施建设的一体化，实现了资源循环利用，保护了生态环境，为田园综合体建设奠定了基础。在此基础上，郝堂村在保护基本农田的前提下，将闲置的宅基地盘活，置换为民宿餐饮、教育医疗、养老等乡村公共建筑功能，使土地整治由政府主导转向新型农业经营主体主导，建立起稳定的土地整治资金筹集机制和以奖代补、奖优罚劣评价体系，实现了土地资源综合高效利用。郝堂村以合作社为主体支撑，注重生产、生态、生活的结合，在引进桑葚、蓝莓、火龙果种植，开展集水果生产、加工采摘、旅游于一体的新型经济模式中，通过资源共享、产业共建、信息互通、市场共拓，将农林牧渔业与农产品精深加工、旅游业、养老产业相融合，将农事体验与教育相结合等，拓宽和拉长产业链，实现了三次产业"接二连三"发展，当地特产毛尖茶叶、土猪肉、土鸡蛋、自然河湖鱼类以及无污染无公害蔬菜、菌类成了久居城市的市民喜爱的特色品牌产品，加之村庄面貌的改观，形成郝堂优势，吸引了大批游客，餐饮、住宿和各种休闲娱乐等服务业随之勃兴，郝堂成为城里人寻找乡愁的理想之地。与之相应，越来越多的创业机会让更多流动在外的村民看到了希望，在外打工的年轻人纷纷返乡，产业兴旺人兴旺，郝堂开始步入良性发展轨道，以田园综合体构建起城乡综合发展空间。

第六节 北京"小而精"农业模式

北京L村的"小而精"农业模式适应人多地少的村情，立足保障北京蔬菜安全的发展定位，成功发展小规模家庭经营下的高附加值有机蔬菜，兼营瓜果和花卉等农作物，形成了既保持家庭联产承包制为基础的小农家庭经营方式，又具有商品化、集约化和资本化的现代农业特点的发展模式，实现了小农经济与现代农业的有机衔接，现代农业与城镇化的互促共进。

北京郊区 L 村现有 258 户，从事蔬菜种植的农户有 75 户，其他农户都脱离了农业生产。全村耕地面积 50.5 公顷，蔬菜种植面积 34.7 公顷。L 村蔬菜种植一直是以农户为单位的小规模家庭经营。户均种菜规模 3 个大棚，每个大棚占地 8 分左右，户均经营约 4～5 亩土地。L 村菜农普遍具有现代的生产技术和管理理念，蔬菜的优质化、商品化、资本化程度和土地产出率都达到比较高的水平。2011 年被评选为北京市"菜篮子"工程优级标准化基地，2015 年又通过绿色认证。① L 村"小而精"农业发展模式的特点及成功经验可以概括为以下几个方面。

1. 将家庭经营和小规模土地相结合，为农民提供了就业和增加了收入

L 村"小而精"农业发展模式将家庭经营和小规模土地相结合，为农民提供了就业和增加了收入，充分发挥了农业天然具有的提供就业和增加收入的保障功能。L 村的蔬菜种植主体是 50～70 岁的农民，人均农业年纯收入能够达到 5 万元以上。"小而精"农业模式不仅可以节约土地，符合中国人多地少的国情；而且能够发挥小农户的劳动力优势，克服小农户在资本、抗风险能力等方面的不足。L 村以小农为经营主体的"小而精"农业模式比较适宜于经营高附加值的农作物，如蔬菜、瓜果、花卉等。

2. 优化城市蔬菜供给，保障食品安全

L 村"小而精"农业发展模式经过多年的建设和发展，蔬菜园区的设施、服务与技术，以及蔬菜品质等都得到较大改进，生产现代化水平大幅提高，L 村现年生产蔬菜 500 万公斤，是北京市重要的蔬菜供应地，L 村的蔬菜已经在北京农产品高端市场中形成良好口碑。

3. 改善村庄治理和社会秩序

L 村小农家庭经营为农民提供了小块土地，对缺少进城务工机会的农

---

① 冷波：《小农与现代农业有效衔接的实现机制——基于 L 村"小而精"农业模式的考察》，《湖南农业大学学报》（社会科学版）2018 年第 3 期。

村中老年农民来说仍然可以在土地上工作并获得收入，并从自由的劳动中得到快乐。从事农业生产的农民保留着熟人社会的基本特征，有利于增强乡村的凝聚力和向心力。地方政府和村社组织为农民提供了良好的农业生产条件，又将农民组织起来解决小农户与大生产、大市场对接的问题，提高了农民的组织化程度，提高了农民对村集体和政府的认同感，从而也强化了村社组织的权威。

4. 三大机制共同助力

L村"小而精"农业模式的成功是由多主体通过三大机制共同实现的。

一是政府面向生产的扶持机制为小农户分担了农业现代化成本。现代农业是资本密集型的经营方式，无资本优势的单个小农户难以承担农业现代化的成本。北京市的"菜篮子"政策没有选择支持资本下乡，而是投入了大量的资金支持本地农民。政府对L村投资了上千万元，使其成为典型的现代化蔬菜种植基地。蔬菜园现拥有高标准日光温室123栋、钢架春秋大棚80个。政策扶持的具体措施如下：改善水电路等基础设施，园区实现了道路硬化、大棚通电、灌溉自动化；改造蔬菜大棚等生产设施，一栋日光温室政府的补助达到78%；对化肥、农药、育苗等进行补贴；提供社会化服务，定期组织农民参加技术培训，定期检测土壤和蔬菜质量，提供打农药和农机服务等。

二是村社主导的协调机制将自上而下的农业现代化任务与"单、散、小"的农户有效对接起来，形成了"小农户＋村社组织＋政府"的组织模式，这种模式带来的经济收益由农民共享，组织农民的成本则由村社组织承担，发挥了村社组织在组织协调方面的主导作用，为"小而精"农业模式提供了组织保障。村社组织是政府与农民打交道的中间力量，村社组织能够解决一家一户"办不好、不好办或者办了不合算"的生产事务，不仅降低了农业生产的难度，也提高了农民的抗风险能力。L村村社组织协调工作主要有：协调政府项目落地；提供社会化服务；统一管理农业用水和农资；进行环境整治；组织农民参与农技学习与培训；协同种植品种等；组织农民应对自然风险。

三是多方参与的市场竞争力提升机制解决了小农户与大市场的对接问题。L 村在销售上采用的是"公司＋农户"模式，其成功的秘诀在于市场终端控制的合作，公司蔬菜供应到高端超市，品质要求高，具有较强的排他性。公司通过较高的市场价格吸引农民按照计划生产，并建立了一套完善的质量检测和溯源机制。L 村模式成功的另一个重要秘诀在于有合适的"中间人"。公司与农户直接对接的成本比较高，需要"中间人"负责对接公司与农户。村里的老书记是 L 村的"中间人"，他同时也是蔬菜园的主要创办者及蔬菜种植大户，是一个有公心和威信的人，这样一个"中间人"既能够调节农民之间的利益，也能够促进农户和公司之间进行长期合作。

第七节　国内实践对西北地区"两化"良性互动的经验与启示

一　国内实践对西北地区"两化"良性互动的经验

当前，中国特色社会主义现代化进程已经到了历史转折期，中国社会的主要矛盾已经转变为人民日益增长的美好生活需要和不平衡不充分的发展之间的矛盾，大力实施新型城镇化战略和乡村振兴战略已经成为稳妥处理中国社会主要矛盾的根本举措，成为中国经济社会发展的两大主题。近年来，在全国城乡建设实践中，涌现出众多城乡互动发展新典范，学习它们成功的经验应是西北地区实现新型城镇化与农业现代化良性互动发展的重要前提。

1. 因地制宜、分类施策、多元化发展

近些年，随着生态文明理念深入人心，无论是理论上还是实践中，中国的现代农业已经不再囿于工业文明框架下的规模化、标准化、机械化、化学化等农业模式，符合生态文明的绿色可持续农业成为中国现代农业发展的新趋势和新特征。中国的现代农业除了已经发展起来的一些规模化大田种植业外，还呈现出多种形态：现代设施园艺业，集约化养殖业，林下养殖业，以各种田园综合体为主的乡村旅游度假业，家庭农场，农家乐，都市农业等，体验农业，定制农业，小众化、特色化农业也越来越多地加入农业现代化谱系。现在所谈的农业现代化，也已经不再是单纯的"农业"的现代化，更重要的是指农村的现代化和农民的现代化，更确切地说，是整个乡村的现代化。从湖州安吉、成都战旗、南京桠溪、杭州南苑、河南郝堂、北京 L 村等农业现代化和城镇化互动发展的典型案例看，它们都有着自己特殊的自然条件、产业基础、区位特点、资源禀赋等，在特定的历史发展阶段，结合当时的社会经济发展环境、制度政策条件、科学技术应用水平，因地制宜地进行战略谋划，适度超前地科学编制发展规划，系统设计独有的发展道路，采取了适宜自身的独特发展路径。

2. 坚强的基层组织和乡村能人带动

任何事业的发展离不开能人及以能人为核心和骨干的组织，没有他们解放思想和创新实干，发展进程可能就会放慢。余村村干部认为，村干部也可以富，但必须等大家富了才能想自己的日子。因此农家乐开办初期，都由村干部带头试办并组织招揽客源，身体力行给村民当示范。村民们自愿开办农家乐后，村干部又积极组织协调资金、住房、设施、服务、管理、营销、人员、价格等方面的事宜，不仅全方位提供实实在在的扶持和帮助，而且在思路上观念上予以引导。余村的能人潘春林利用互联网营销推广本地农家乐，接受村民将农家乐纳入"春林山庄"进行分成和统一管理，拓展发展天合旅行社，入股主要景区景点等，带动了全村发展，市场知名度、美誉度越来越高，影响力越来越强。四川战旗村善于发挥党支部先锋模范作用，在党总支书记高德敏的带领下，确立了"一三联动、以旅助农"的长远发展战略，着力发展集体经济和龙头企业，形成了一、二、三产业良性互动发展的局面，同时同步规划建设标准化便民服务中心、卫生站及社区幼儿园等，大大推进了公共服务的均等化。桠溪曾经兴办化工和采矿企业，通向外界的只有一条9米宽的老路，多年摘不掉"经济落后镇"的帽子，正是在桠溪地方党委政府的主导下，确立了"发展为要、民生为本、生态为基"的新理念，请专家编制实施了《高淳国际慢城规划》，因地制宜同步推进生态建设和产业发展，坚定地将非生态产业阻绝在外，才使桠溪真正走上了生态可持续发展的新路。南苑以"党建＋"引领服务发展，着力构建"亲清"政商关系，开展"店小二式"的服务，有效吸引了人才集聚，实现了企业发展。可以看出，下大力气培养乡村建设的带头人应该是当下促进城乡良性互动，实施乡村振兴战略的当务之急。

3. 尊重农民意愿维护农民利益

城镇化和农业现代化的过程直接涉及农民的切身利益，必须尊重农民意愿，维护农民利益，打破被动消极和"等靠要"的思想，充分激发他们的主动性和创造力，让他们真正成为乡村振兴的主体，使城镇化和农业现代化形成强有力的内生动力。湖州安吉、成都战旗、南京桠溪、杭州南苑、河南郝堂、北京 L 村的发展，涉及征地拆迁、土地流转、资产入股、住房迁居、道路拓建等与农民切身利益相关的诸多问题，正是由于基层组织在规划设计发展蓝图时，没有急功冒进，没有简单植入城市标准，坚持农民主体地位，充分尊重了广大农民的意愿，坚持促进农民实现共同富裕，并在强化农民思想观念引导的同时，党员干部在实践中身先士卒率先垂范，有效维护了农民的切身利益，使农民有了盼头有了信心，才得到了他们的全力支持。

4. 坚持绿色生态可持续发展

随着城乡居民收入水平和消费水平的提高，以及健康意识、环境保护意识和生态可持续发展意识的增强，人们对提升生活品质的要求越来越高，生态绿色发展已经成为城乡发展的一个基本诉求。有机安全的食品、人与自然和谐的环境、纯净的空气、干净的水源、丰富健康的休闲时光等成为人们追求美好生活的新内容、新目标。实践表明，树立和践行"绿水青山就是金山银山"的理念，统筹兼顾山水林田湖草系统的治理、保护和利用，以绿色发展引领乡村振兴，追求生活、生产和生态和谐共生，恢复传统的有机种植和养殖方式，以良好生态和健康食品增添乡村魅力，复兴乡村本有的健康幸福又低成本的生活方式，会使乡村成为人们的精神家园和生活乐土，成为真正实现城乡良性互动的坚实基础。浙江安吉县最初以资源环境和生命健康为代价追求增收致富，得不偿失后积极走绿色生态发展之路，坚定信心彻底从有害的发展方式中走了出来，实现了经济社会生态可持续发展，实现了以人为本的科学发展。战旗村着力推进乡村绿道和林盘建设，以自然山水风光为基底，与绿色田园风光相映衬，尽情展示着生态美。桠溪遵循维护纯净的自然环境的慢城公约，并将其与美丽乡村建设相结合，全力优化乡村人居环境，着力发展生态高效农业，倡导建设可持续发展的美丽家园，倡导走独具特色的生态经济道路，被评为国家园林县城、国家级生态示范区和国家卫生县城。南苑在快速城镇化的道路上，没有牺牲生态搞城市建设，而是始终如一地贯穿着低碳、生态、智慧的理念，实现了人与自然、经济与生态的协调发展。郝堂村不砍树、不填塘、不挖山、不扒房，回归自然本真，把乡村建设得更像乡村。可以看出，这些城乡互动发展的成功案例，正是得益于坚持城是城、村是村，以人为本，遵从自然，回归本位，错位发展，各司其职，将城镇建设得更像城镇，将农村建设得更像农村的新发展理念。

5. 立足资源禀赋和特色优势发展

城镇化和农业现代化良性互动的成功模式，都不是按照工业化的思路发展农业，国内有些地区依据本地的自然环境特点，遵循自然规律，坚持绿色发展道路，发挥特色优势确立主导产业。浙江安吉县是中国"第一竹乡"和"白茶之乡"，是中国美丽乡村的发源地、全国第一个生态县，全县地处上海黄浦江的源头，环境优美宜居，森林覆盖率和植被覆盖率均在70%以上，空气质量优良率在90%以上，作为上海和杭州两大都市圈中的县，交通通信便捷，区位条件优越，历史文化悠久。立足资源禀赋、区位条件和地方特色优势，生态农业、生态工业和生态旅游业培育发展，白茶品牌价值达35亿元，竹产业以1.8%的立竹量创造了全国20%的竹业产值，休闲旅游人次破2000万，旅游总收入超200亿元。桠溪国际慢城以慢文化为特色，不仅生态环境优美，绿水青山环绕，而且历史文化悠久，有着薛城遗址、南城遗址、大官塘、遮军山、张巡纪念馆、胥河、保圣寺塔、吴风楚韵等独特宝贵的人文资源，桠溪国际慢城立足地方特有的自然与人文资源优势，回归人性化和原生态，倡导慢生活慢节奏，展现了国际慢城独有的尊重自然尊重生命的理念。南苑的发展一方面得益于得天独厚的地处长三角的区位优势，使它能在国内大规模城市建设和快速城镇化的浪潮中优先受益，另一方面也得益于良好的营商环境、交通条件和金融电商等新业态的发展，使原有传统产业成功转型，实现了企业的国际化发展。

二　国内实践对西北地区"两化"良性互动的启示

我国自然条件千差万别，区域经济发展很不平衡，特别是西北地区与中东部经济较为发达地区有显著差别，要促进城乡互动发展，必须科学把握乡村的区域差异和发展走势分化的特征，遵循因地制宜和分类施策的原则，走适宜自身的多元化差异化发展道路。比如东部地区自然条件优越，大多雨水较为充沛，植被生产条件较好，通过绿化美化净化亮化，比较容易形成发展乡村休闲游、农事体验游、养生保健游等条件，而我国西北地区海拔较高，地貌类型复杂多样，气候多变，干旱少雨，不仅难以在短期内形成山清水秀、鸟语花香的生态景观，而且从国家战略层面，还需要以生态保护为首要任务，因此，不能简单照搬照抄发达地区的做法，必须选择适宜西北地区的发展路径如探险游、研学游等，或者发挥西北地区工业污染相对较少的优势，发展绿色有机农产品产业。

当前，资金、劳动力、土地三要素从农村向城市的单向流动，开始转变为城乡之间的双向流动。新型城镇化、农业现代化同步发展，农业的食品安全功能、生态涵养功能以及休闲、娱乐、康养、教育等多种功能越来越受重视。城镇和农村，开始形成一、二、三产业融合发展新趋势，资本、技术、智力等资源开始下乡，市民农业、休闲观光园区、森林人家、康养基地、乡村民宿、特色小镇等多种城乡结合，一、二、三产业融合发展方式大量涌现。保底分红、股份合作、利润返还等让农民合理分享产业链增值收益的多种利益分配方式不断创建，构建工农互促、城乡互补、全面融合、共同繁荣的新型城乡关系，已经成为全社会的共识和具体实践，我们相信西北地区的农业现代化与新型城镇化会在新机遇中能够更好实现互动发展。

第八章 促进西北地区"两化"良性
互动的途径探讨

　　城镇是承载人类文明发展的一个巨大容器，是现代工商业和科学技术空前发展的一个硕果，它生动明亮、繁荣发达，但也险象环生，危机四伏。城市因与大自然和乡村分割远离正被各种"城市病"缠身，处于发展的"岔路口"；乡村是自然生态、经济社会的地域综合体，也是人类文明和城市文明的母体，兼有生态、生产、生活和文化教育的多重功能，曾是人类活动的主要空间。但如今，与繁华热闹的城镇相比，乡村的衰落和贫瘠有目共睹。城市和乡村必须携起手来，相辅相成，良性互动，融合发展，让城乡之间的商品、物资、资本、劳动力、技术等资源要素充分双向流动，最终形成二者之间动态的、有机的平衡状态。让广大农村地区享有与城镇居民均等化的公共服务和生活水平，已经成为新时代中国推进新型城镇化进程和农业现代化进程的基本目标。19 世纪末埃比尼泽·霍华德生动、艺术化地表达了城乡之间相辅相成、实现良性互动的伟大构想。在当下的中国，这种伟大构想明确地表达为"按照产业兴旺、生态宜居、乡风文明、治理有效、生活富裕的总要求，加快形成工农互促、城乡互补、全面融合、共同繁荣的新型工农城乡关系"。

　　进入新的发展阶段，在新的开发地，用新的文明、新的发展模式，开创新的希望，是时代赋予我们的使命。纵观世界城市化进程和农业现代化进程，借鉴世界城市理论大师们的远见卓识，立足西北地区经济社会发展和生态环境保护与治理的实际问题和需要，有机、均衡、相辅相成和独立自主应该是城市和乡村良性互动发展的最高境界和最好的目标，也应该是中国新型城镇化与农业农村现代化良性互动发展的最高追求。"加快形成工农互促、城乡互补、全面融合、共同繁荣的新型工农城乡关系"是实现这一最好目标和最高境界的坚实基础和良好开端。

随着新型城镇化战略和乡村振兴战略的不断推进，中国城乡关系进入了大变革、大转型的关键历史时期，重塑新型城乡关系，促进新型城镇化和农业农村现代化相辅相成，良性互动发展，形成城乡融合发展新局面，已经成为党和国家实现第二个百年奋斗目标的重大战略举措。

这里需要进一步明确的一点是，城乡之间形成良性互动的前提必须是，也只能是"以人为本、集约、智能、绿色、低碳的新型城镇化"与"多功能、多元化、社会化、生态型的农业现代化"之间的相辅相成、融合发展，亦即本书指的"两化"良性互动。从严重分割、分化、分离已久的城乡关系转变为紧密结合、相辅相成、良性互动和融合发展的城乡关系，需要一个漫长的转型过程，需要从文化理念、城乡规划布局、涉农产业链重构、农业发展方式、农业农村教育体系和教育内容的变革等方面进行一系列的探索与创新。而这一系列的探索与创新遵循的大原则应该是"归根，复命"，回归农业、农村之根，自然生态之根，实现中华民族伟大复兴的历史使命。

第一节　营造"两化"良性互动的发展理念

文化影响观念，观念决定思路，思路决定出路。只有观念入脑，信念驻心，行动才会有明确的目标和高度的定力。重塑新型城乡关系，促进西北区"两化"良性互动首先需要营造有利于形成城乡一体、共同发展、共同繁荣的发展理念和文化舆论氛围。

一 重新认识和定位农村农业的多重功能

与世界工业化、城镇化、全球化浪潮相适应，城镇化已经成为中国现代社会的基本现实和大趋势，"城市让生活更美好"已经成为现代社会的主旋律。与之相比，支撑几千年文明古国发展的中国农耕文明，在以牺牲农村农民利益为基本特征的城乡二元结构及高歌猛进的城市化浪潮下，因为长期作为中国城市化的输血者和牺牲者，终究抵不过现代化的洪流，日渐被边缘化，并逐渐丧失内生自主性，最终走上凋敝的趋势和命运，与日新月异的城市面貌和繁荣美好的城市生活相比，"农民真苦，农业真穷，农村真危险"至今仍然不是危言耸听，而是中国广大农村地区的真实写照。城与乡，一阴一阳，是一个社会的两极，本该形成有机平衡关系。农业农村的凋敝衰落，最终让整个社会认识到城市一极发展的深刻危机。

在现代化进程中，城乡关系的不协调问题，不仅发生在今天的中国，许多发达国家也经历了同样的过程。日本在实现了工业化、城镇化之后进入现代社会，也同样经历了粮食自给率下降、农村衰落和农村空心化等问题，到1980年，日本进行农业改革的时候，首先从国家整体利益和长远利益的战略高度将农业置于国民经济的重要地位，重新认识和定位农业农村的发展，并从五个方面重新定义了农业农村的主要功能：确保粮食稳定供应，提高粮食自给率；维护社会均衡；适度配置人口，提供就业场所；有效利用资源，形成自然植被，提高绿色空间；维护文化传统。今天日本的农业已经发展成为世界现代农业的典范，日本农改为我们提供了成功经验。

实施乡村振兴战略，推进城乡融合发展，正是中国政府下定决心从根本上解决城乡发展矛盾的不二选择。在此之际，重新认识和定位农业农村的经济社会功能是重塑新型城乡关系的重要前提。为此，需要站在国家长治久安、民族繁荣昌盛和城镇化持续健康发展的制高点上，从以下几个方面来认识中国农业农村的定位和基本功能。

一是农业首要的功能就是稳定提供粮食，保障国家粮食安全。"洪范八政，食为政首。"吃饭问题是头等大事。保证充足的粮食供应，将饭碗牢牢掌握在自己手中，对于14亿人口的大国，其重要性和必要性是毋庸置疑、不言而喻的。

二是农业是事关民族生命健康的大事业。以粮食和农副产品的生产为主的农业，不仅仅是第一产业，农业更是关乎一个国家、一个民族整体生命健康的大事业。能吃饱仅仅是农业发展的初步成就，持续、健康、充分地满足人们对农产品的基本需求，才是农业发展的最终目标。用化肥、农药、除草剂、各种激素抗生素和转基因技术发展的农业显然不是持续健康的农业，生态化的绿色有机农业才是保障整个中华民族生命安全和健康的农业。以化学化、标准化、转基因化、规模化为特征的掠夺式农业发展方式无异于一个国家、一个民族在自我残害、自伤根基。

三是农业和农村仍然是农民安身立命的主要场所。对于拥有14亿人口的大国而言，尽管城镇化是大趋势、大潮流，但即使中国城镇化率达到50%～70%，未来中国仍然会有5亿～7亿人口生活在农村地区，依靠发展农业维持基本的生计，农村和农业仍然是中国广大农民安身立命的主要场所。随着工业化进程的推进，智能化时代的到来，解决中国众多人口的就业问题离不开农业和农村的发展。

四是农业和农村是维护自然生态系统平衡、建设生态文明社会的主阵地。农业农村本就是大自然的重要组成部分，根植于农村的农民是维护生态环境的主力军，农业农村的持续、适度、健康发展有利于维系大自然的生态系统的平衡，有利于拓展国土的绿色空间。当然，这里的农业绝对不是用化学化方式发展的农业，化学化的农业只能破坏生态系统的平衡和健康。同时，长久生活在城市狭小空间的人们自然向往青山绿水和田园风光，农业和农村还是城市文明和工业文明发展不可或缺的"另一半"。

五是农村是滋养和维系中国文化和中华文明的沃土和精神家园。农业和农村对中华文明的传承具有重要的历史意义和现实意义，中国文化的传承和复兴是中华民族的伟大复兴的重要内容和支撑。"一方水土养育一方人。"绵延数千年的中国文化和中华文明深深根植于传统的农耕文明，以安土重迁、敬畏自然、道法自然、自强不息、俭以养德等为主要内涵的乡土文化、乡村文明构成了中国文化和中华文明的主体，经过几千年历史不断考验和修正的乡土文化和耕读文明不仅奠定了中华文明的根基，而且也是中华民族繁衍生息、不断向前发展的智慧力量和精神家园。正是在这个意义上，西方文化中所说的"土地是财富之母、劳动是财富之父"，才具有了更加深刻的思想内涵。当世界步入生态文明时代，许多西方的科学家和经济学家在反思工业文明的得失利弊时，不约而同地将目光转向中华文明，这主要是因为中华文明特有的整体宇宙观，蕴含着解决工业文明内在矛盾的思维方式。

城乡良性互动融合发展正是体现了中国文化人与人和谐相处、人与自然和谐相处的价值追求。离开了农业和农村，离开了农耕文明，离开了中华文化的滋养，城镇化就会丧失健康发展的养料和方向，新型城镇化就会成为无源之水、无本之木，也会迷失方向。

因此，进入新时代，中国农业农村发展的定位、功能和使命应该是以全世界7%的淡水资源、7%的耕地，创造性地发展能与自然生态系统和谐共生的农业农村新模式，支撑中华民族的生存和发展，保障中国人的粮食安全和生命健康，保证几亿农民安居乐业，建造和维护中国人的美丽家园，滋养和传承中国文化，再造人类发展的新文明、新天地和新希望。

二　高度重视区域平衡发展，拓展大国发展的纵深空间

尽管在国家层面有西部大开发、东北振兴、中部崛起等战略来实现各区域之间的平衡，但是实际发展的结果是区域之间的差距越来越大，尤其是占国土面积1/3的西北地区，在改革开放后的市场化进程中，各类要素资源特别是大量的人才、资金、劳动力流向东南沿海发达地区，导致中国1/3的广大腹地内生发展动力严重不足，成为高度依靠中央转移支付、投资驱动及政策刺激维持运转、过日子的落后地区。出现这种状况其实不全是市场化的结果，深层次的原因还是在于国家的制度层面，国家虽然在战略上也高度重视西北地区的平衡发展，但是在许多政策执行过程中，对西

北地区的投资力度、支持力度远远小于东部地区。政府行为应该逆市场而行，但在 20 世纪末期，提出西部大开发战略不久，中部崛起、东部优先发展战略也相继推出，大大淡化了国家西部大开发战略的影响力和执行力。进入 21 世纪，在区域差距持续扩大的趋势下，又大力提倡发展京津冀城市群、长江三角洲城市群、粤港澳大湾区等，政府的政策导向加社会舆论力量与市场力量合力，使这些地区犹如台风中心，将其他地区大量的资金、人才等资源要素裹挟而去。对中国这样一个开发已久的人口大国而言，一方面，国家主要的经济资源、人才资源集中到少数几个地方，虽然可以在较短时期内集中力量让一部分地区快速发达起来，形成与世界发达国家相抗衡的竞争力，但与此同时，却也会大大压缩 14 亿人口大国的发展空间，加剧了主要城市群人们的竞争压力。另一方面，将主要的经济资源、人才资源集中到少数几个地方的发展方式，在特殊时期，如发生战争或大规模传染性疾病，势必将加剧整个国家的脆弱性和危险性。

著名史学家钱穆先生纵观中华民族兴衰的历史，早在 19 世纪 30 年代就指出："从大局面上，中国文化之从大处高处冷处转动到小处低处温暖处，常是顺溜的滑下，不能奋力的翻上，那却是中国文化演进值得悲观，至少是值得警惕呀！""近代中国人只知沿着顺势，向东南沿海跑，这因东南沿海有许多引诱我们的东西。可是黄河中上游，大陆西北，荒芜已久。若我们能从经济文化上再加培植，再加开发，一定仍能到处发扬我们北方祖先宽宏的气魄，雄伟的精神。这是找寻我们历史文化新生命的主要路向。""如果国家把营养和神智，都堆积在一个角落里，就会导致人才和资源的局部臃肿和偏枯。中国只要上轨道，中国人一定该把力量推向落后的内地去。"① 这是一个理清了中华民族几千年兴衰更替历史脉络的历史学家的远见卓识，也是肺腑之言，不可不高度重视。

新中国走到今天，中国整体的发展水平已经与那个时代不可同日而语，但是，区域之间的发展局面并未得到根本性改观。当今，中国经济实

---

① 钱穆：《中国的历史精神》，九州出版社，2016。

力已经居世界第二，该是培植文化和发展力量"劲气内转"，将力量推向西北内陆的时候了。目前，在资金、人才、劳动力等生产要素持续地从西北地区向东南沿海地区大量净流出的情势下，如果国家不下大气力彻底扭转资金、人才等生产要素持续流向东南沿海的大趋势，国家投入再多的扶持资金，都将一如既往地如滔滔黄河和长江之水，付之东流了，西北地区的乡村振兴战略、城乡融合发展战略、新型城镇化与农业农村现代化的良性互动都将步履艰难，难以取得预期成效。

三　切实贯彻生态文明发展理念

生态文明是继工业文明之后的高级文明形态，是人类自觉反思工业文明利弊得失之后选择的一种可持续发展的文明形态，旨在实现经济社会发展与人口、资源、生态环境之间相互协调，积极改善和优化人与人、人与自然的关系，建设公平的社会秩序和良好的生态环境。建设生态文明社会的基本目标可以简明地表达为：满足全体人民对美好生活的向往和需要，让全体人民吃上放心食物，喝上干净的水，呼吸上新鲜的空气，生活工作在良好宜人的环境中。

生态文明的基本特质就是多元化、多样化，就是资源节约、环境友好，就是绿色、有机、平衡、协调。实施乡村振兴战略和城乡融合发展战略，促进新型城镇化和农业农村现代化相辅相成、良性互动，其基本的逻辑前提就是践行生态文明理念，全面实施生态文明战略，建设生态文明社会。没有这个前提和基础，继续处在工业文明的框架内，"以人为本、集约、智能、绿色、低碳的新型城镇化"与"多功能、多元化、社会化、生态型的符合生态文明社会的农业现代化"的"两化"良性互动将如空中楼阁，或如海市蜃楼一般，只能想象，绝不可能变为现实。近现代以来，人类社会发展的大量事实证明，工业文明的整个体系和内在机制就是建立在城市掠夺乡村、人类掠夺自然的基础上的，工业文明的框架内不可能彻底解决中国的城乡问题、区域发展不平衡问题和生态环境问题。要形成新格局，开创中国发展的新时代，必须扬弃工业文明，切实践行生态文明理念，实施生态文明战略，建设生态文明社会。

实施生态文明战略，建设生态文明社会，必须树立与工业文明时代截然不同的生态文明观。第一，要树立人与自然和谐共处、同存共荣的自然观。从终极意义上来说，人来源于自然、归于自然，人是大自然的有机组成部分，大自然是人类的母亲。爱护自然、尊重自然、敬畏生命，与自然和谐共处、共存共荣，才有人类持续生存发展的基础和空间。生态文明观要求人类社会经济的发展，必须以保证自然生态系统的有机平衡为前提。第二，要树立经济、社会、自然相协调、可持续的发展观。生态文明的发展观要求人类必须摒弃不顾资源耗尽、不计环境成本、唯 GDP 至上的经济增长方式，必须把经济增长与资源节约、生态保护、环境治理、人的全面发展统统包括在发展的范畴中，实现经济、社会与自然生态环境的协调和可持续发展。第三，要树立健康、合理、适度消费的生活观。绝大部分过度性消费和奢侈性消费都建立在大量消耗自然资源、污染生态环境的基础上，必须摒弃工商业社会极力倡导的用后即弃、奢侈炫耀性消费、过度消费等非理性消费行为和习惯，倡导健康、适度和理性的消费观。

在中国特色社会主义现代化建设的新进程中，在国家"五位一体"总体部署下，特别是在习近平总书记"绿水青山就是金山银山"的推动下，近些年中国对生态文明社会建设的决心、魄力和支持力度前所未有，但在工商业文明浸润已久的世界里，实实在在落实生态文明观念，建成生态文明社会，却不是一朝一夕、轻而易举可以办到的，还必须将符合生态文明的自然观、发展观和生活观，持续不断地灌输和渗透到人们的思想、观念、意识中，体现在人们的伦理、道德教育中，并从法律上和制度上督促人们落实到生活方式、生产方式和行为方式中。

重新认识农业、农村的多重功能，重拾农业农村是经济社会发展之基、中华文明之根的历史经验，高度重视区域平衡发展，拓展大国发展的纵深空间和腹地，更加重视生态文明社会建设战略，这三者是中国特色社会主义现代化新进程中顺利推进城乡良性互动，融合发展，实现城乡一体、共同发展、共同繁荣的基本理念和文化基础，需要国家从政策和文化舆论导向上旗帜鲜明、坚持不懈地进行倡导和营造。

第二节　优化"两化"良性互动的空间结构

结构决定功能，促进城乡良性互动、融合发展的第一要务是形成新型城乡空间结构形态，让大中小城市城镇之间、城市与乡村之间形成相对平衡、协调的空间结构，重点是加快扭转资金、人才从农村、中小城市、欠发达地区持续向大城市、特大城市单向流动的潮流，加快纠正大城市优先、特大城市优先发展的惯性模式。如果继续任由这股潮流肆意涌动，不加遏制，国家的城乡融合战略、乡村振兴战略、西部大开发战略就有可能成效不大，甚至无功而返。中国已经经过了40多年工业化、城市化的突飞猛进，不用国家政策和制度鼓励，城市、大城市、特大城市以及京津冀、长三角、珠三角等东部城市群的资本力量和市场力量，已经足够强大到不断自动吸引全国的优质要素资源包括资金、人才、劳动力集聚在这些地区。现在，需要调整指导思想和发展思路，加大国家政策力度、制度安排力度，实施区域再平衡战略，优先、重点向内陆地区、中小城市、广大乡村倾斜，促进资金、人才、技术力量回流，形成东南沿海发达地区与西北部欠发达地区之间、大中小城市之间、城市与乡村之间协调、平衡的发展格局，减少水、电、煤、气等物资及大宗商品的大规模、大跨度流动和转移，尽可能缩短经济发展和运行的生态足迹，让各大区域之间、大中小城市之间、城市与乡村之间人们享受大体相当的公共服务水平和生活水平，让经济社会发展与自然生态系统和谐共处。

区域平衡、大中小城市平衡、城市和乡村平衡、经济社会发展与生态系统平衡是非常必要的，也是可以实现的。要成功实现，关键在于国家层面要认识有机限制的必要性并强制实行有机限制。受埃比尼泽·霍华德《明日的田园城市》思想的深远影响，西方一些发达国家进行了多方面的探索和尝试，它们的经验表明，区域平衡、大中小城市平衡、城市和乡村平衡是可以实现的。早期美国的西部开发战略的成功，英国的新镇建设也都充分表明了把区域的发展和城市的发展规划、引导和控制在有健全产业基础、平衡、独立、有机的区域和城乡空间里，是可以实现的。在生态文明和可持续发展理念影响下，兴起于 20 世纪 80 年代的西方去城市化浪潮，主张"城镇化"等于"去城市化"，强调生态足迹的城镇化和本地化，进行城镇转型运动，旨在形成本地化的食物短链方式，缩短食物足迹，减少生态足迹，构成了现代西方城镇化进程的新潮流、新趋势。德国的"去中心化"发展模式堪称世界工业化、城镇化成功的典范，尤其值得我们学习和借鉴。

德国城镇化发展"去中心化"模式，主要通过行政资源、社会公共服务和产品的区域与城乡的同质、均衡分布原则来实施，其目的是削弱主要大城市的"资源中心"地位，促进区域平衡、城乡平衡，以及人与自然生态环境之间的平衡和可持续发展，有效化解工业文明的矛盾和弊端。其特点和优势在于：城市规模小、数量多、分布均衡；行政资源和公共服务及产品在地区之间、城乡之间等值化分布。其具体途径主要是通过一系列的制度安排来实现。一是通过立法。德国宪法规定德国应追求区域的平衡发展和共同富裕。二是城市规划的均衡理念。德国推行城镇布局的均衡化，包括中心城镇、基层小城镇，并相应配套住房、交通及文化设施，促进人口向边缘地区移动和分散，德国小城镇星罗棋布而功能齐全。三是行政机构及公共服务和产品均衡化分布，基本消除了人口向个别大城市集中的动机。德国每个城市都有著名的大学，各个地区的医院没有大的差异。[1] 德国的城市化模式给出了中小城市仍然可以实现经济发展、工业发达的佐证：一个 8000 多万人口的国家，只有一个超大城市——柏林，全国 65% 的城镇人口居住在 50 万人口以下的城市。以中小城市发展为主的德国，不仅是世界第三大经济强国、工业强国，其经济、社会、生态环境之间的协调性也是世界上少有。[2]

---

① 蒋尉、徐杰：《德国"去中心化"的城镇化发展逻辑》，《光明日报》2015 年 7 月 19 日。
② 仇保兴：《应对机遇与挑战：中国城镇化战略研究主要问题与对策》，中国建筑工业出版社，2009，第 61 页。

到 2019 年年底，中国的城镇化率突破 60%，中国已经完成了由一个农业人口占主体的国家向城镇人口占主体的国家的历史性转变，中国经济也由高速增长阶段转向高质量发展阶段。在此之际，我们应该也能够将发展的理想目标锁定在人类探索了 5000 年以后才认识清楚的理想发展状态："把田园的宽裕带给城市，把城市的活力带给田园。"相比已经大力发展的东部地区，西北地区犹如处女地，更有可能用新视野、新思路、新模式，创造新希望和新文明。这就要求在持续稳定推进城镇化进程的同时，下定决心实施再平衡战略，用政府力量和社会力量平衡市场力量，弥补市场之不足，促进区域之间、大中小城市之间、城乡之间的平衡性和协调性，促进社会公共资源更多地向内陆、向中小城市、向乡村倾斜，提高全社会资源配置的公平性和有效性。为此，应通过一定的制度创新和制度安排，从整体空间结构上形成有利于区域之间、大中小城之间、城镇与农村之间协调发展的良好格局。

一　平衡协调大中小城镇之间的发展关系，阻止大城市的无限量扩张

应该阻止省会以上大城市持续无限量的自我膨胀，对大城市、特大城市、超大城市进行强制性有机限制，从根本上彻底扭转资金、人才从农村、中小城市、欠发达地区持续向大城市、特大城市转移的潮流，纠正大城市优先、特大城市优先的历史惯性。本来，中国按照直辖市、省会（首府）城市、地级市、县级市、小城镇设置的城镇空间结构体系是比较符合中国国情实际的理想结构，实际上也与霍华德设计倡导的社会城市（由若干个田园城市围绕一个中心城市组成）有异曲同工之妙。但是在具体发展过程中，由于各种资源是按照行政等级进行配置的，这种方式长期积累，必然存在循环积累机制，加上市场经济的马太效应，其结果就是大中小城镇之间巨大的发展差距，从而削弱了当初设置这样的城镇体系本有的基本功能。

加快改变和推行国家资源从按照行政等级配置，向按照实际供养人口

规模配置转变，国家新增教育、医疗等公共资源应该更多地向中小城市发展。城市越大，吸力越强，超大城市、特大城市具有超级强大的"吸金力"。在行政力量非常强大的体制机制下，不改变资源的配置方式，行政级别越低的城市就越缺乏活力；资源向超大型城市集中的最终结果也未必给这些城市的人们带来幸福生活。

西北地区地域广大，人口相对稀疏，大城市集聚效应容易发挥，辐射效应却难以形成。只有众多的中小城镇才能深入广大腹地，才有辐射周边农村的可能。近期国家提倡城市圈发展方式，其要义和重点不是核心城市而是核心城市的"圈"，中国许多核心城市包括西北地区的省会（首府）城市已经得到长足发展，必须进行核心城区与"圈"的结构调整和再平衡，不能再借国家城市群、城市圈之名继续行扩张大城市之实，只有这样才能真正拓展城市发展空间，提升城市群的整体发展质量和发展韧性，也才能为大中小城市协调发展、城乡融合和良性互动创造条件。

在网络技术、智能化技术日趋发达成熟的新时代，在生态文明成为时代发展基本要求和主旋律的大背景下，向中小城市倾斜配置更多的公共资源也有了客观条件。实施新型城镇化战略，应该也完全可以不重复传统的向大城市、特大城市集中资源的老路，国家应该从国土开发规划、城市建设规划，到能源、交通、产业等各方面开始优先重点向中小城市布局，加快发展中小城市，完善中小城镇综合服务功能，缓解大城市发展压力，促进资金和人才的回流，为农业转移人口就地就近城镇化创造条件，走出一条具有中国特色和时代特色的新型城镇化发展新路。

二 统筹优化乡村"三生"空间，提升乡村魅力

劳动力流失、村庄衰落、农产品赔本销售甚至卖不出去，与此同时安全食品短缺、城里人的乡愁和田园梦无处安放，已经成为西北大部分地区城镇化和农业现代化进程中的主要矛盾和问题。大量农民的市民化，是中国未来城镇化的必然结果。据估算未来中国有1/3的村庄将要消失。即使这样，全国仍然有5亿~7亿的人口生活在农村，未来中国最大的空间格

局变化应该是在农村地区，因此，借助国家城乡融合战略和乡村振兴战略，重新统筹西北地区的城乡空间开发格局，优化美化乡村的生产、生活、生态空间，提升乡村魅力，提高广大农村地区的吸引力，就成为促进西北地区城乡良性互动、融合发展的重要举措。

一是严格遵守国家主体功能区规划，不折不扣地肩负起国家生态安全屏障主体功能，在此基本前提下，实现区域粮食生产基本自足，是确保国家边疆地区安全、区域稳定发展的坚实基础。西北五省（区）虽然地形水文气候等自然环境不如东部地区，但是由于地域广大，地理环境多样，传统农耕文明深厚久远，仍然具备确保区域粮食生产基本自足的条件。关中平原、宁夏平原、河西走廊、新疆广大农垦区域都是西北地区的重要粮食生产区，必须确保这些地区基本农田的稳定性和永久性。

二是统筹中小城镇和乡村发展，统筹规划城乡基础设施、能源供应、教育医疗等公共服务、产业融合发展。发展充满活力和魅力的小城镇和特色小镇，以乡镇政府驻地为中心，构建农村教育、医疗、文化、生产生活服务中心，形成以城带镇、以镇带村、以村促城，城、镇、村联动发展机制，真正形成"把田园的宽裕带给城市，把城市的活力带给田园"的发展新格局。

三是将乡村作为生态文明社会建设的主战场，恢复乡村社会本有的对生态环境系统的正向功能。中国传统农耕文明是人类社会发展史上，最具"资源节约、环境友好"特质的发展模式。完全复原传统农耕文明是不现实的，但借助现代科技的力量，逐渐恢复传统农耕文明有机、绿色、循环利用、闭环发展的基本内涵和方式，却是完全有可能的。这一点在100年前被美国农业学者富兰克林·H.金所见证，在今天也为中国科学院的蒋高明在山东的生态农场的实践所再次验证。[①]为此，必须改变目前被广为接受的以化学化、规模化、标准化为主要特征的农业现代化发展方式，彻底扭转造成面源性污染的农业发展局面。加强农村地区自然生态空间的整

---

① 蒋高明：《生态农场纪实》，中国科学技术出版社，2015。

体保护、修复和治理，因地制宜，让农村的田地与山、水、林、草形成一个生命共同体，全面改善农村生态环境，建设人与自然和谐共生、生态宜居的美丽乡村，增强农村农业的生态功能、生态价值和吸引力。

四是建立一定机制，引导建筑规划设计单位和个人投身乡村风貌和乡村农房的规划设计，引领乡村民居建造。在西北地区，广大农村的贫困和落后，最明显地体现在村落的风貌布局和农民的房屋建设方面。受经济条件、文化素养影响，西北地区的民居绝大部分没有什么特色，房屋主要以泥土、砖瓦为材料建造，简单地依据生活生产所需由当地农民之间相互帮助进行建造，既不结实耐用，也没有什么地域特色，承载田园乡愁的美观更是谈不上。没有美感、容易破旧是西北民居最大的问题。在西北地区，一个农民一辈子需要多次翻新房屋，农民只要有点积蓄就投入到房屋的低水平重复建设和改造中，反复地、低水平地建房修屋是西北地区农民不能有效积累财富的一个重要因素。

新农村建设、美丽乡村建设过程中兴起的集中连片居住区建设热潮，虽然让乡村面貌发生了变化，但对于广大的农村地区而言毕竟只是少数，况且，这些民居大部分是按照城市人的生活方式设计建造的，外表光鲜，对农民的生活来说许多只是好看的摆设，不符合农民的生活和生产所需。"建设立足乡土社会、富有地域特色、承载田园乡愁、体现现代文明的升级版乡村"是新时期国家乡村振兴战略的一个重要内容。为此，应该创新体制机制，利用政府力量、社会力量和农民力量，共同建设既具有人性化、自然化、多样化又具有现代化生活设施的美丽乡村，真正让农民过上舒心、方便、高质量的生活，共享发展成果。要引导建筑规划设计单位和个人，投身乡村风貌和乡村农房的规划设计，真正从改善农村面貌，提升农民生活品质出发，科学规划设计乡村村落布局和村容村貌。积极探索建立农村的住房公积金制度，解决短期内农民房屋建造资金严重不足导致的住房低水平建造问题。比如，国家建立农村住房基金，提供农村房屋贷款，农民以乡或村、社为单位建立住房建设互助金等。借助国家农村宅基地改革的东风，积极探索城市居民参与农村房屋的翻新改造的实现方式。

在农村宅基地三权分置前提下，在绝对保障农民房屋所有权和回收权益的基础上，鼓励农民自愿和城市居民协商翻新改造旧房，引导城市资金参与农村建设，将城市的活力带给农村，带动城市资金、技术、文化、生活习惯向乡村流动，深度渗透，由此也可以探索出一种长效机制，圆城里人的一个"田园梦"。

第三节 构建"两化"良性互动的基本"骨架"

支撑周边农业、农村地区的现代化是中小城镇基本和主要的功能，中小城镇应该而且能够起到支撑周边农业、农村地区的现代化的作用，周边农业、农村地区的现代化也能够支撑城镇化。德国星罗棋布的中小城镇的平衡发展为我们提供了很好的借鉴。在德国，所有小城镇都是农业、林业、饲养业、手工业及服务业的集群地，中小企业众多，与民生息息相关。在德国 35 万个各类农企（含林业、牧业、园艺业企业）中，有相当多数量的企业分布在乡镇，加上大量中小工商企业和服务业创造了大量就业岗位。[1] 这是国家粮食和物资储备局科学研究院的丁声俊在考察了许多德国中小城镇后得出的结论，这才是中小城镇发展的正确方向和发展模式。黄祖辉提供的四川浦江县的案例[2]也给了我们类似的成功经验。浦江县地处西部丘陵山区，没有能源与矿产，没有大型国企和大工业，只是自然环境好，该县立足实际，因地制宜，始终将农业作为县域经济发展的主心骨，长期围绕茶叶、猕猴桃、柑橘等当地特色优势产品，不断拓展农业功能，延伸产业链，取得了经济、社会、生态共赢，城乡共赢的良好效果。全县 2/3 的劳动力从事与农业相关的产业，全县 2/3 的经济总量来源于农业。浦江的实践表明，基于农业的三产融合发展方式足以支撑一方的城镇化。

---

① 丁声俊：《德国小城镇的发展道路及启示》，《世界农业》2012 年第 2 期。
② 黄祖辉：《现代农业能否支撑城镇化？》，《西北农林科技大学学报》（社会科学版）2014 年第 1 期。

制约西北地区"两化"良性互动的主要矛盾和问题,一方面中小城镇功能不全,产业发展不足,支撑能力弱,大部分中小城镇的主要功能基本上围绕行政功能和日常消费功能运转;另一方面农业是国民经济的基础性产业,"三农"问题是党和国家工作的重中之重,但是直到今天,农业发展依然严重缺乏为之服务的系统化、社会化产业支撑体系,大部分农户的农业生产经营过程基本靠自己解决。因此之故,在新时代,加快构建中小城镇支撑"两化"良性互动的现代产业体系就成为化解这一矛盾的根本性举措。为此,在未来相当一段时期内,国家应将投资战略重点转向中小城镇,并创新体制机制引导大城市、特大城市的过剩的资金、人才、技术、产业向中小城镇回流,并以实现生态文明战略转型为目标,上接城市文明,下启农耕文明,以服务周边农业农村为对象,构建有利于实现新型城镇化与农业、农村现代化相辅相成、良性互动的现代产业体系,其最终目的应该是:中小城镇能够方便、快捷、高效地为广大农村腹地提供实行现代化所需要的各种要素、条件和环境。

一 加快构建功能多样的现代生产体系和社会化服务体系

围绕周边农业、农村和农民的现代化,通过培育区域特色产业,推进乡村多元化、全方位、立体化发展,加快形成三产融合、城乡一体、产城一体、工农共赢、城乡共赢、功能多样的现代生产体系和社会化服务体系,创新体制机制,鼓励涉农企业向中小城镇集群化发展,壮大中小城镇特别是县域中心城镇的经济,为农民的就地转移和就地城镇化提供发展空间。

这里的农业指的是大农业,包括农业、林业、草业、畜牧养殖业及生态环境治理和修复产业。这个生产体系的特点是将农业的田间生产环节,农业的生产服务,农产品加工,农产品贸易,与农产品有关的旅游、文化全都包括进来,充分发挥农业特有的食物功能、生态功能、文化功能、教育功能、休闲养生等功能多样性特点,构建城乡互动、城乡一体和城乡共荣发展新格局。

其开发对象包括以下几类。一是产品。包括农作物和田园风光、生态景观等，就是将优质、绿色、安全的农产品，及树木、花卉、田园风光、乡村房舍、生态景观统统作为开发、生产、经营对象；二是拓展产业空间。就是向种植业，养殖业，生态环境的治理、保护和修复的上下游产业进行延伸拓展，包括上游的技术研究、实验室、示范基地、育苗、育种，设计策划，下游的精深加工、物流商贸、保鲜储藏、休闲旅游、养生养老、自然教育、劳动教育等功能的开发、经营。三是人力资源和劳动力的培训、教育。

其实现方式主要有：一是通过产业化经营方式，促进农业向第二、第三产业延伸，实现纵向产业一体化；二是通过与城镇的资金、人才、技术等要素结合，拓展农业的多种功能，发展生态型田园城镇，让城镇成为拓展农业、农村多种功能的主要平台，实现产城一体化、城乡一体化。

二　切实增强中小城镇公共服务资源的供给能力

切实将国家社会事业发展的重点向中小城镇倾斜，增加中小城镇公共服务资源的供给，最终实现现代社会发展的科技、文化资源和成果向最小的城市单元——县级城镇及广大的乡村传递。

一是引导、鼓励物流、商贸、供销、运输等企业加大在中小城镇及农村地区的设施和网络布局，加快构建有利于城乡互通、互动、互融的基础设施和物流网络。

二是加快物联网等现代信息技术和中小城镇的现代生产体系与农村、农业的全面深度融合。

三是继续加大力度，促进义务教育、养老社会保障医疗卫生等公共服务资源向中小城镇及农村倾斜，切实推进区域之间、城乡之间基本公共服务的均等化。

四是积极探索农业科研院所在中小城镇发展的新模式，争取至少在一个地级中心城市配置建立一所农业大学，在县级乃至较大镇设立农业技术学校（院）。让涉农科技、教育资源下沉，促进农业科研教学与具体实践的紧密结合。

五是积极鼓励中小城镇发展不同形式的农业园艺馆、博物馆、展览馆等，健全城镇功能，丰富完善中小城镇的生活内容和产业生态系统。

三　变革教育体制，恢复农村教育体系

在中小城镇大力发展面向农业、农村和农民的职业技术教育。现在普遍推行的教育体系是一种制式教育，其实质是与工业文明相适应的一种教育体系，制式教育以标准化、集成化、大规模化的知识传播为主要特征，与生态文明时代要求的多样性、多元化、在地化的知识传播需求不相适应。多样性、多元化、在地化的知识传播有利于人们对其生存环境的可持续发展进行持久、有效、广泛、深入地参与，有利于形成对本地发展问题的科学认识体系，有利于支撑不同类型的农村地区实现多元化、多样化的发展模式。因此，促进城乡良性互动、融合发展，实现乡村振兴战略，需要变革现行制式教育体系。

首先，需要将符合生态文明的在地化、多样化知识系统的生产、教育、传播、应用纳入教育体系，尤其是中小城镇和农村地区的教育体系，如此，才有可能培养真正能够担当乡村振兴大业的人才队伍。

其次，借助政府力量和社会力量，大力发展面向农村，面向农业发展和生态环境治理与保护的职业技术、文化教育，推进农林高等院校向中小城镇布局，将中小城镇作为培养乡村振兴人才的主要平台，满足乡村振兴的人才队伍建设需要。加快涉农领域实用人才队伍的培育步伐，为城乡良性互动和乡村振兴提供专业人才保障。

第四节　夯实"两化"良性互动的坚实根基

中国全面实现现代化的短板在农业和农村，中国"三农"问题的症结在于农业和农村创造的财富和资金通过各种途径从农村大规模净流出。促进城乡良性互动，必须进行体制机制创新，构建能够让农业发展的利益最大限度留驻乡村的全产业链体系，唯有此，才能从根本上解决"三农"问

题，真正实现乡村振兴。

农业农村发展的全产业链体系，是人均耕地资源稀缺条件下，以日本为代表的东亚模式处理工业化、城镇化进程中城乡发展矛盾的重要制度安排。日本在人多地少的基本国情下，做到了既是工业强国又是现代农业十分发达的国家，土地均分制和综合农协就是其基本的制度保障。土地均分制和综合农协是日本能够内部化处理现代化进程中外部性问题的重要机制，被称为日本稳态社会体系的两只脚。日本综合农协就是把农业的生产，农产品的加工和销售，农资的供应，涉农的金融、保险、旅游、餐饮、医疗卫生、房地产、超市等统筹在一个大系统内，95%以上的日本农户都加入综合农协。综合农协可以进行多种经营，农协开展的旅游金融等业务一律免税，日本通过法律，要求农协必须将经营收益的50%以上返回小农，政府的支农惠农政策也通过农协系统下达农户。日本的综合农协模式最大的好处，一是最大限度地提高了农业、农村和农民的组织化程度，二是从制度上降低了条块分割造成的涉农部门之间形成的相互摩擦的制度成本，消除了涉农企业为追求公司利益最大化而造成的对农村、农业和农民的利益分割和剥夺的行为动机，从而最大限度保护了"三农"利益。[1]

土地均分制我们有，我们缺少的是类似日本综合农协式的、能够保障农业农村根本利益的全产业链综合体系。现阶段，完全按照日本综合农协的做法也是不切实际的，在国家提出构建现代化产业体系的新时代，在农村土地以家庭经营为主的基础上，将农民最大限度组织起来，以最大限度分享更多农业增值收益作为基本出发点，构建能够保障农业、农村、农民根本利益的全产业链综合体系，可以从以下两个方面着手推进。

一 以建立健全多种利益联结机制为核心，推进城乡三产交叉融合发展

一是加快构建根植于三农、具有鲜明地域特色和乡村价值的产业体

---

[1] 温铁军：《告别百年激进：温铁军演讲录（2004—2014）》（上卷），东方出版社，2016，第88~89页。

系。以制度、技术和商业模式创新为推动力,最大限度地提高农民的组织化程度,鼓励农民以土地、劳动、资金、林权、产品为纽带,积极开展多种形式的合作与联合,着力增强农民参与融合能力,提高农民在市场上的谈判能力和主体地位。在全面落实永久基本农田特殊保护制度的前提下,积极建设具有较强市场竞争力的特色农产品优势区,政府出台政策投入资金支持特色农产品优势区的生产基地、仓储物流基地和加工基地建设,形成各具特色的农业产业集群。拓展农业农村多种功能,促进农业农村多元化发展,构建农业农村立体式产业链,发展农业新型业态,培育农村产业联合体,构建产加销一体的全产业链企业集群。在产业体系中,全面推行多种形式的利益联结机制和模式,如"农民入股+保底收益+按股分红""订单收购+分红""土地流转+优先雇用+社会保障"等,尽可能让农民分享到农业的全产业链收益,让现代农业发展的红利留在农村,富裕农村。

二是加快构建全程覆盖、区域集成、配套完备的农村社会化服务体系,增强和发挥生产性服务业对现代农业的引领支撑作用。政府应将支农惠农资金的投入方向重点放在构建农村社会化服务体系方面,这是我们国家经济发展方面欠账最多的地方。应出台鼓励政策,支持商贸、物流、运输、供销等企业加大在农村地区的网络布局,尽快将农村物流基础网络纳入中小城镇物流网络构建体系,进行一体化布局建设。借助互联网、智能化技术,加快物联网、地理气象信息、市场信息等现代信息网络和技术与"三农"的全面深度融合,以政府力量为主导,引导市场力量积极培育农技指导、市场预测、产品营销、金融服务、信用评价等社会化服务组织。整合政府、社会、企业等多方力量将政策、科技、信息、资金、管理等生产要素向乡村分散、渗透、集聚。

三是依托"互联网+"和"双创"推动农业生产经营模式转变,健全乡村旅游、休闲农业、民宿经济、农耕文化体验、健康养老等新业态培育机制,探索农产品个性化定制服务、会展农业和农业众筹等新模式,完善农村电子商务支持政策,实现城乡生产与消费多层次对接。

二　以完善的社会化服务为支撑，支持小农经济与适度规模化、商品化经济长期共存发展

"耕者有其田"是中国几千年以来农民的基本诉求，也是中华民族绵延数千年的历史经验。今天，"坚持家庭经营在农业中的基础性地位，构建家庭经营、集体经营、合作经营、企业经营等共同发展的新型农业经营体系，发展多种形式适度规模经营，发展壮大农村集体经济提高农业的集约化、专业化、组织化、社会化水平，有效带动小农户发展"仍然是国家发展农业经营体制的基本方针。人多地少的基本国情决定了小农经济在中国长期存在并发展的必要性。

改革开放以来，"以代际分工为基础的半工半耕"的小农经济发展模式成为中国农村地区的普遍现象，总体上构成了中国小农经济社会的核心。在现代化进程中，"以代际分工为基础的半工半耕"既是中国农村绝大部分家庭的生计模式，也是家庭农业劳动力的再生产结构，被称作中国经济持续快速发展的"稳定器"和"蓄水池"。因为这种小农经济模式，在宏观经济稳定发展时期，可以让几亿农民获得进城务工收入满足基本生活所需，在经济萧条或下滑时期，可以让农民安全退回农村，正常开展农业劳动和家庭生活。小农经济结构为中国的现代化进程的顺利推进奠定了稳定基础，为国家经济发展提供了有竞争力的农产品和大量廉价劳动力，为农村家庭提供改善基本生活所需，保持了农村社会的基本稳定。贺雪峰研究团队所做的大量小农经济研究表明，从效率决定的角度来看，当前中国的小农经济是完全有效的，小农的全员生产效率要远高于家庭农场和工商企业，小农经济与现代农业并不排斥和对立。[1]本书国内实践经验中北京 L 村的实践及西北地区的几个典型案例也表明，小农经济与现代农业可以并行不悖。

---

[1]　贺雪峰、印子：《"小农经济"与农业现代化的路径选择——兼评农业现代化的激进主义》，《政治经济学评论》2015 年第 2 期。

在中国建设生态文明社会、进入高质量发展新阶段，应该主张让小农经济发挥以下作用。

一是农村是农民安居乐业的重要场所。21世纪20年代以后，也就是在中国基本实现工业化、城镇化，建成全面小康社会之后，随着智能化时代的到来，在主要工业产品都大量过剩的市场经济条件下，农村劳动力向城镇大规模转移的趋势将会慢下来，振兴乡村社会成为新时期的重要任务，农业、农村及中小城镇将成为未来中国劳动力就业的重要行业和场所。以精耕细作为特征的小农经济应该成为容纳农村劳动力就业的重要领域。

二是现阶段小农经济仍然是保障农民过上高质量生活的基本条件。在许多农产品已经大量过剩的新时期，在国家有能力为农村提供基本医疗教育、社会化服务的条件下，在农民进行"以代际分工为基础的半工半耕"生计模式的同时，主张和提倡一部分农民以小农经济为基础，发展有机生态农业和庭院经济，让农民就地过上中产阶级向往的田园生活，降低农民生活成本，提高农民生活质量，增添乡村魅力，留住乡愁。正是从这种意义上，小农经济是农业的全产业链发展方式的一种，也是最大限度让农业发展的利益留驻农村的一种方式。过去，我们太多地强调农业的商品化，期望弱质性的农业成为农民致富的途径，但忽略了一个根本性的问题，就是农民的生活质量问题，发展农业的目的完全变成了商业化的目的，总是围绕城里人的需求和利益在发展农业。商品化、产业化，接着必然就是标准化、化学化的农业，这样的发展结果究竟为了谁？因此，针对中国大部分小农经济以老人、妇女为主体的实际情况，当务之急，是为小农提供完善的社会化服务体系，帮助他们改善生产设施条件，提高小农户的组织化程度，增强小农户抵御自然风险和市场风险的能力，促进小农户与现代农业发展有机衔接。

第五节　发展"两化"良性互动新模式

从量变到质变，是事物发展的基本规律。2017年，习近平总书记在党的十九大报告中明确指出："我国经济已由高速增长阶段转向高质量发展阶段，正处在转变发展方式、优化经济结构、转换增长动力的攻关期。"中国经济高质量发展的新时代已经来临。高速增长转向高质量发展，"就是将经济运行的目标和动力机制，从主要侧重于产品总量增加，转向更加注重产品和经济活动的使用价值及其质量合意性"。正如金碚所言："中国经济已经进入了本真复兴时代。"[1]

以生态文明理念为引导，以社会、经济、文化等多重功能的可持续性发展为目标，将传统农业技术、自然农业技术和现代信息网络技术相结合，大力发展多元化、生态有机化、社会化的现代农业，增加绿色、优质、安全的农产品供给，让农业回归健康产业、生命经济的本真性，彻底纠正化学化、规模化、产业化农业现代化的弊端，这既是时代赋予农业现代化的重要目标，也是实现城乡良性互动的一个重要契机。

一　积极创造条件，大力发展生态化有机绿色农业

规模化、化学化、生物技术化的农业严重违背自然规律和生态学规律，不可避免地导致农田生态系统和自然生态系统的退化，普遍造成环境污染、地力下降，生物多样性减少、超级杂草和超级害虫出现，食品污染、口味下降、营养不足，这种农业还与资本结合绑架农业，也绑架政府，还导致大量小农户破产倒闭，弃农打工。生态农业，是不使用化肥、农药而以生态有机肥为支撑的农业发展模式，是以维护人民的健康为宗旨，符合国家高质量、绿色崛起的发展要求。大力提倡发展生态化有机绿色农业，用生态化农业对这种现代化的农业实现"拨乱反正"。[2]

因此，在国家建设现代化经济体系的新时代，应该调整农业发展方向，以绿色生态为导向，建立绿色农业补贴制度，积极创造条件，生产和提供安全、绿色、健康的农产品及其加工品，鼓励人们追求有机、绿色、

---

① 金碚：《关于"高质量发展"的经济学研究》，《中国工业经济》2018年第4期。
② 蒋高明：《生态农业是对现代农业的"拨乱反正"》，《农村·农业·农民》2014年第1期。

健康的食品及生活方式，实实在在提高人们的生活品质，满足人民群众对美好生活的基本需求，从根本上降低各种大病重病大量出现的可能性，扭转医疗卫生费用大量吞噬社会财富的不利局面。

为此，一是积极主动减少化肥、农药、抗生素、激素等的使用量，鼓励大量使用农家肥、生物秸秆肥等。大量实践证明，发展生态农业，化肥、农药使用量在现有水平上分别减少一半和 70% ~ 80% 并不影响产量；二是消除农膜污染，保护土壤结构，从源头杜绝二噁英等致癌物质在环境中释放；三是消除转基因技术的不利影响，杜绝基因污染，保护生态平衡，保护消费者健康；四是提倡用多样化种植技术替代单一化种植技术，提高农田自身抗病虫害能力。

西北地区发展生态农业有相当的可行性和重要性。一是西北地区有着发展生态农业得天独厚的气候、土壤、日照、温差等有利条件，与东部发达地区相比，西北地区水和耕地资源的污染更小，更适合发展生态农业，这是西北地区生态农业发展的区位优势和产业比较优势。二是西北地区作为全国欠发达地区，农民脱贫致富、乡村振兴将是一个艰巨的任务，西北大部分地区依靠现代工业发展的空间不大，发展生态农业能够使西北地区形成富有竞争力的特色产业和优势产业。三是生态产品物美价高，生态农业及其上下游产业可以带来更多就业机会，创造更多经济收益，能够吸引更多农民投身农业，振兴家乡，促进西北内陆地区城镇化发展。因此，紧紧抓住发展生态农业的契机，把"高原夏菜"和"甘味陇货"等西北农产品提升到高品质层面上，借助国家"一带一路"倡议的实施，系统性地创造西北地区高质量发展的优势条件，才能将西北地区农民脱贫致富和乡村振兴建立在稳定有效的产业发展基础上。

二　积极支持城市居民广泛参与，大力发展社会化生态农业

传统农业时代农业发展的主体是农民，产业化时代发展农业的主体是公司，在高质量发展阶段，在"本真复兴"时代，多元化、生态有机化、社会化的现代农业的主体则是新农人，包括大学生、科技人员、工商企业

主、退伍军人、返乡农民工、职业农民，甚至大学教授等。他们了解消费者的需求，能够把城市的资金、技术和理念带到农村，能够带动传统农户及广大市民对农业和农村进行人力资本和物化资本的双重有效投入。

社会化有机农业是当今农业现代化发展的主要方向。现如今，欧盟农产品几乎全面有机化、生态化，在欧洲，60%的农场是由市民参与经营的。在中国，市民租地种菜，与农户共担农业风险；各地纷纷发展社区支持农业新模式；北京小毛驴市民农业红红火火；在各个城市，大量新农人利用微信平台，生产经营小众化、多样化的有机食品，搭建各种有机食品从田间到餐桌的供应链。甘肃某大学教授立志发展生态有机农业，利用秸秆生物技术，发动农户种植有机蔬菜，在短短2～3年时间内，微信平台的固定消费者达到4000多人。

社会化生态有机农业，通过结构、模式的多样性，及市民的广泛参与共同治理，以人民生计为本，互助合作为纲，提高了农民组织化程度，搭建起生产者与消费者之间新的社会诚信关系，恢复了人的多元化属性，创造了新型城镇化与农业现代化良性互动的最直接、最有效的可持续发展模式，需要大力提倡，积极支持。

另外，顺应城乡居民消费升级、消费拓展大趋势，深度发掘农业农村的休闲观光、生态涵养、健康养老、文化体验、劳动教育、自然教育等多种功能和多重价值，再造乡村独特魅力和多元化发展优势。结合西北各地资源禀赋，利用现代科学技术发展成果，融入现代元素，因地制宜，把农村建设得更像农村，复兴农耕文明，将自然多样性的农业和乡村打造成城市人休闲养生的好去处，促进乡村资源全域化整合、多元化增值，全面提升农民生活质量。

三　加快实施农村地区电子商务综合工程，建立健全农产品电商发展服务体系

互联网和信息技术让农业农村发生了革命性变化，互联网让城市与乡村得以方便快捷地沟通，使城乡融合、良性互动更加可能。通过互联网，

农民和农产品能够迅速进入市场，与消费者直接对接，极大减少了生产者与消费者的搜寻时间，降低了农产品的流通、运输和存储成本，让越来越多的农产品、地方特产销路更畅，更有市场。互联网还在很大程度上弥补了农民文化、技术、教育程度低的短板，通过手机，农民可以方便快捷地了解信息，可以直接与众多的消费者接触和沟通，互联网和信息技术的全面介入，让乡村振兴、城乡融合、良性互动发展的整个进程加快，互联网和信息技术已经成为发展多元化、生态化、社会化农业的有力保障。

因此，加快实施农村地区电子商务综合工程，建立健全农产品电商发展服务体系，对于西北地区而言，更为迫切、更为重要，应该千方百计争取国家加大对西北农村地区电子商务综合工程的实施力度，早日建立完善的农产品电商发展服务体系，为新型城镇化与多元化、生态化、社会化的农业现代化相辅相成、良性互动发展助力、奠基。

第六节　创造"两化"良性互动新动力

"生态就是资源，生态就是生产力。"西北地区是国家重要的水源涵养地和生态屏障区，坚持生态环境效益优先原则，以生态环境保护为统领，围绕生态治理、修复和保护，创新体制机制，系统性再造西北地区的生态环境新优势，加快打通生态产品价值实现路径，切实建造西北地区的"绿水青山"，并将"绿水青山"转化为"金山银山"，这既是推动西北地区绿色发展的创新型战略举措，也是西北地区借助生态环境改善促进城乡良性互动的新动力。

按照国家主体功能区规划，西北地区绝大部分地区属于禁止开发区和限制开发区。在国家发展大局中，西北地区"不发展就是最大发展，限制发展才是真发展"是一个基本定位。然而，这种定位与基本国情不相符合，地域广大人口众多是中国的一个基本国情，即便在西北的边远山区也不例外。在广袤的西北也同时存在一个基本的现实状况：即便生活再艰苦、生态再脆弱的地区，也到处都有大小不等的村庄；即便中国城镇化进程再快，短期内让西北地区禁止开发区和广大限制开发区的人口完全实现城镇化是绝对不现实也是难以办到的。

越落后，越希望发展。共同富裕，全面建设社会主义现代化国家是中国特色社会主义的坚持不懈的追求和目标，也是西北地区摆脱落后状况的基本动力。在生态文明国家建设的新的历史时期，化解西北地区发展现状的滞后性和发展进程的矛盾性，实现西北地区人们正当、合理的美好生活愿望，可行的道路就是在尊重和理解西北地区强烈的发展愿望，围绕生态治理保护产业和绿色农业，构建现代化产业体系，加快实现西北地区经济社会发展模式的绿色转型。

一　加快推动国家主体功能区战略在市县层面的精准落地

加快推动国家主体功能区战略在市县层面的精准落地，让西北地区的中小城镇，全方位服务于生态环境的保护与治理及绿色农业的发展。加快打通生态产品价值实现路径，让保护和治理生态环境的一切劳动和服务经济化、产业化、市场化，让这些劳动和服务成为支撑西北地区城镇化的基础产业和发展动力源，促进西北地区从长期的欠发达状况尽快步入发展的快车道。对于西北地区而言，城镇化发展的滞后性主要不在于重点开发区和优化开发区，而在于西北地区广大的限制开发区；不在于大城市和特大城市，而在于包括县城在内的中小城镇。西北地区中小城镇功能不全、发育不良，是一个普遍性的问题。西北地区的城镇功能定位和发展模式就应该面对两个核心问题："一是面向绿色农业、生态保护和治理的服务功能建设，西北地区的城镇如果不能服务于绿色农业，服务于生态保护和治理，就没有培养增长极功能的现实基础；二是让生态保护和治理的一系列活动经济化、产业化，如果生态保护和治理的活动不能有利可图，就形成不了一个城镇的核心动力。"① 只有通盘考虑这些问题，才能真正探讨出西

---

① 魏晓蓉：《西部限制开发区新型城镇化道路探讨——基于功能定位的视角》，《甘肃社会科学》2013 年第 6 期。

北地区的新型城镇化之路，进而与全国一道实现共同富裕。

在西北地区，发展绿色农业、有机农业而不是数量型的产业化农业应是其天然优势。要充分利用发挥好这一优势，同时，西北地区在为全国提供有机绿色产品和生态产品的过程中，也应该公平地享受发达地区经济社会发展的红利。

因此，需要改变现行的将各种公共资源高度集中于大城市，而逐级挤压中小城镇及农村地区的发展模式，推动国家主体功能区战略在市县层面的精准落地，切实按照国家主体功能区规划定位，在西北地区的中小城镇紧紧围绕"保障国家农产品安全和增强生态产品生产能力"这个中心任务，加大力度培育和建立健全面向生态环境保护与治理及绿色农业发展的各类研究实验基地、生产企业、社会化服务体系等，构建西北地区城镇化的基本产业框架，为西北地区城镇化的可持续发展奠定坚实可靠的发展动力源。立足主体功能定位，重点培育和发展服务于广大生态功能区和农业区的功能健全的服务型的小城镇，让它们成为带动周边区域实现经济、社会和生态共同、协调发展的中心服务区。

二　紧紧围绕生态环境的保护与治理及绿色农业的发展，构建现代产业体系

紧紧围绕生态环境的保护与治理及绿色农业的发展，加快补齐短板，构建与西北地区主体功能定位相配套、相适应的绿色、低碳、循环发展的现代产业体系。大体包括：（1）保障西北地区绿色农业、林业、草业持续健康发展的种苗研究、开发、培育、生产、供应体系；（2）森林、草地、戈壁、沙漠、荒漠的保护、修复和治理产业体系和服务体系；（3）绿色农产品生产、加工体系，物流交易中心；（4）各类生态治理与保护及绿色农业发展的人力资源和劳动力资源的教育、培训服务体系。

大力发展生态和文化旅游等服务产业。西北地区文化资源和生态旅游资源丰富，如原始森林、高原草甸、大漠奇观、沙漠绿洲、西域风情、秦汉古韵、传统民俗等，都是西北地区发展文化旅游产业的良好资源。在保

护生态环境和文化资源的前提下，充分发挥自然资源、文化资源的多重效益，大力发展生态旅游、文化旅游、生态种养等产业，积极探索生态、文化旅游产业立体化联动发展模式。

在中国高质量发展阶段，西北地区应该通过生态治理、生态保育来发展。就是在国家的财政分配体系中，把东南沿海部分地区发展工商业积累下来的大量资本财富通过转移支付系统化地投入到西北地区的生态治理、生态保育产业，真正实现中国的区域均衡发展，经济、社会、生态均衡发展；就是让西北地区一部分人口通过为生态安全屏障建设做出应有的贡献而实现其价值，获得相应收入，在此基础上，努力实现西北地区与全国平均生活水平、医疗保障水平、教育水平的同质化，以及个人财富积累水平的基本公平化。

三　全面提升西北地区生态安全屏障功能

将国家投资建设的重点向生态环保和农业农村转移，加大西北地区山水、林田、草原、戈壁、沙漠等生态系统的综合治理力度，强化国家生态安全屏障，全面提升西北地区水源涵养能力。在西北地区大力实施国土绿化行动，全面建设重点防护林体系，扩大退耕还林还草范围，实施草原修复、治理、改造工程。与此同时，树立"农业是生态产品的重要供给者，乡村是生态涵养的主体区，生态是乡村最大的发展优势"的新理念，大力实施乡村生态保护、修复、再造工程，增强乡村生态产品供给能力，促进乡村自然生态系统功能的全面恢复和提升。

完善生态资源管护机制，进一步增加生态管护员工作岗位，积极鼓励当地群众参与生态保护和治理服务。促进重点生态保护区的生态、生产、生活共生、共建。以甘肃为例，自2016年8月国家林业局、财政部、国务院扶贫开发领导小组开展贫困人口生态护林员选聘工作以来，甘肃省在13个市（州）64个县（市、区），选聘生态护林员63139人，累计落实资金11.85亿元，帮助60000贫困户实现稳定脱贫，惠及贫困人口12000万人。

四　积极推动西北地区全域农业绿色发展

大力发展资源节约型、生态环境友好型农业，逐步在西北地区推行农业绿色生产方式，发挥西北地区土壤、水资源污染少的优势，实行农业生产化学投入品大规模减量化行动，让西北地区广大农村，在提高农业可持续发展能力，建设健康稳定田园生态系统的同时，通过向全国乃至世界提供绿色生态化农产品，走向共同富裕之路。全域农业绿色发展可采取逐步推动的方式，从一个县到一个市，再到一个省，最后推广至西北五省（区）。

在一些不具备基本发展条件的山区应该发展"环境保全性农业"。在西北五省（区），有相当一部分山区农村，所处地理环境既不适宜发展农业、牧业，又不适宜发展旅游业，但这些地方森林植被保持完好，如一些阴寒山区，人们生计艰难，扶贫脱困难度较大，全靠外出打工和国家大力扶持为继，实施异地搬迁成本巨大，而且负面影响不少，在这些地方应该借鉴日本"环境保全性农业"的发展政策，核心举措就是忽略其农业产值，只强调其公益价值及"国土保全"的生态意义和稳定就业的社会意义，国家为这些地方提供基础教育、医疗卫生等基本公共服务，并实行一定的计划生育政策，在此基础上实施"直接支付制度"，将西北山区的一部分农民"根植于"山区，保护山区生态环境，实现人与自然协调共存。

五　打破区域割裂格局，建立多元共治的生态环境保护治理体系

生态环境问题是一个一荣俱荣、一损俱损的整体性、全局性问题，西北地区的生态环境既是西北的也是全中国的。因此，应该积极探索，打破区域割裂格局，构建起多元共治的生态环境保护治理体系。在体制机制建设上，坚持互惠互利、共生共存原则，进一步健全生态补偿机制，在现行财政转移支付基础上，鼓励生态保护地和受益地、江河流域上下游、发达地区和落后地区之间，政府、企业、社会组织及公民个人多方主体以资金资助、产业转移、对口支援、人才培训等多种方式、多种途径，共同参与西北地区的生态环境治理。

参考文献

1. 西蒙·库兹涅茨：《现代经济增长：速度、结构与扩展》，戴睿、易诚译，北京经济学院出版社，1989。

2. 刘易斯·芒福德：《城市发展史——起源、演变和前景》，宋俊岭、倪文彦译，中国建筑工业出版社，2005。

3. 牛文元主编《中国特色城市化报告（2012）》，科学出版社，2012。

4. 吴殿廷、赵林、高文姬：《新型城镇化的本质特征及其评价》，《北华大学学报》（社会科学版）2013年第6期。

5. 仇保兴：《新型城镇化：从概念到行动》，《行政管理改革》2012年第11期。

6. 张占斌：《新型城镇化的战略意义和改革难题》，《国家行政学院学报》2013年第1期。

7. 魏后凯、关兴良：《中国特色新型城镇化的科学内涵与战略重点》，《河南社会科学》2014年第3期。

8. 西奥多·W. 舒尔茨：《改造传统农业》，梁小民译，商务印书馆，2006。

9. 富兰克林·H. 金：《四千年农夫：中国、朝鲜和日本的永续农业》，程存旺、石嫣译，东方出版社，2011。

10. 全国十二所综合性大学、《中国农业经济学》编写组编《中国农业经济学》，辽宁人民出版社，1984。

11. 温铁军：《告别百年激进：温铁军演讲录（2004—2014)》（上卷），东方出版社，2016。

12. 仇保兴：《应对机遇与挑战：中国城镇化战略研究主要问题与对策》，中国建筑工业出版社，2009。

13. 埃比尼泽·霍华德：《明日的田园城市》，金经元译，商务出版社，2010。

14. 赵伟：《新中国城乡经济关系演变的历史考察》，《学术评论》2013年第6期。

15. 蔡昉、林毅夫：《中国经济》，中国财政经济出版社，2003。

16. 许涤新主编《当代中国人口》，中国社会科学出版社，1988。

17. 孔祥智：《新中国成立70年来城乡关系的演变》，《教学与研究》2019年第8期。

18. 邢祖礼、陈杨林、邓朝春：《新中国70年城乡关系演变及其启示》，《改革》2019年第6期。

19. 张海鹏：《中国城乡关系演变70年：从分割到融合》，《中国农村经济》2019年第3期。

20. 田瑞霞、王烽：《中外农业现代化与城镇化的比较研究》，《世界农业》2016年第9期。

21. 霍子俊等：《美国现代农业发展及借鉴》，《中国经贸导刊》2008年第3期。

22. 王海燕：《美国城镇化发展的特点和启示》，《经济研究参考》2013年第36期。

23. 安载学、谭化、王玮、封云、浦桂君、刘志全：《浅析德国的生态农业》，《农业网络信息》2015年第4期。

24. 吕贤谷主编《中国三农工作研究》，经济日报出版社，2013。

25. 仇保兴：《城镇化与城乡统筹发展》，中国城市出版社，2012。

26. 王国敏等：《中国特色农业现代化道路的实现模式研究》，四川大学出版社，2013。

27. 全国农业资源区划办公室等编著《中国农村经济区划：中国农村经济区域发展研究》，科学出版社，1999。

28. 王大明：《我国西部地区现代农业发展研究》，电子科技大学出版社，2012。

29. 中共朔州市委组织部编《视野：朔州市县处级干部境外培训文集》，三晋出版社，2012。

30. 王旭峰、任重、周新华：《中国美丽乡村调查》，江西人民出版社，2013。

31. 占张明等：《浙江省县域发展比较研究》，浙江大学出版社，2014。

32. 李阳主编《推进新型城镇化的实践与探索》，南京师范大学出版社，2015。

33. 曹俊杰、高峰：《工业化和城镇化背景下的农业现代化问题研究》，中国财政经济出版社，2013。

34. 叶生洪、陈倩、周密主编《国际市场营销》，暨南大学出版社，2011。

35. 霍子俊、胡恒洋、张俊峰、蔡平：《美国现代农业发展及借鉴》，《中国经贸导刊》2008年第3期。

36. 郭庆然：《美国扩大农村消费实践及其启示》，《商业时代》2009年第30期。

37. 王环：《关于农业现代化问题的全方位考察》，《山东理工大学学报》（社会科学版）2003年第2期。

38. 安晓宁、魏虹：《关于推进农业现代化进程的若干策略构思：兼谈推进农业现代化进程的两个相关对策》，《调研世界》2000年第1期。

39. 俞福丽、蒋乃华：《农业现代化的驱动机制及其路径选择》，《扬州大学学报》（人文社会科学版）2014年第2期。

40. 乔志荣、戴治平、赵发胜：《现代农业与农业机械化的发展关系》，《新农村》2011年第3期。

41. 王春雷、王辉：《国外农业剩余劳动力转移模式对我国的启示》，《石河子大学学报》（哲学社会科学版）2008年第5期。

42. 李津：《把安吉的绿水青山变成人民的金山银山——安吉县委书记沈铭

权访谈》，《浙江共产党员》2017 年第 7 期。

43. 《两化互动 三产联动 新一轮统筹城乡发展的郫县路径》，《华西都市报》2012 年 8 月 15 日。

44. 《战旗村改革三步曲》，《农民日报》2017 年 5 月 5 日。

45. 约翰·贝拉米·福斯特：《生态危机与资本主义》，耿建新、宋兴无译，上海译文出版社，2006。

46. 蒋高明：《每年我们吃掉多少农药？》，《环境经济》2015 年第 ZB 期。

47. 钱穆：《中国的历史精神》，九州出版社，2016。

48. 蒋尉、徐杰：《德国"去中心化"的城镇化发展逻辑》，《光明日报》2015 年 7 月 19 日。

49. 蒋高明：《生态农场纪实》，中国科学技术出版社，2015。

50. 丁声俊：《德国小城镇的发展道路及启示》，《世界农业》2012 年第 2 期。

51. 黄祖辉：《现代农业能否支撑城镇化？》，《西北农林科技大学学报》（社会科学版）2014 年第 1 期。

52. 贺雪峰、印子：《"小农经济"与农业现代化的路径选择——兼评农业现代化激进主义》，《政治经济学评论》2015 年第 2 期。

53. 金碚：《关于"高质量发展"的经济学研究》，《中国工业经济》2018 年第 4 期。

54. 蒋高明：《生态农业是对现代农业的"拨乱反正"》，《农村·农业·农民》2014 年第 1 期。

55. 魏晓蓉：《西部限制开发区新型城镇化道路探讨——基于功能定位的视角》，《甘肃社会科学》2013 年第 6 期。

56. 张孝德、张文明：《农业现代化的反思与中国小农经济生命力》，《福建农林大学学报》（哲学社会科学版）2016 年第 3 期。

57. 昕原、邓锦宏、苏珍妮：《专访农业部部长韩长赋：共筑农业现代化》，《财经》2017 年 2 月 21 日。

58. 高新才、魏丽华：《新时代西部大开发的新格局》，《甘肃社会科学》

2020 年第 1 期。

59. 贺雪峰:《保护小农的农业现代化道路探索——兼论射阳的实践》,《思想战线》2017 年第 2 期。

60. 贺雪峰:《城市化的中国道路》,东方出版社,2014。

61. 张玉林:《流动与瓦解:中国农村的演变及其动力》,中国社会科学出版社,2012。

62. 佟光霁:《闭锁与破解:中国城镇化进程中的城乡协调研究》,科学出版社,2010。

63. 简·雅各布斯:《美国大城市的死与生》,金衡山译,译林出版社,2006。

64. 贺雪峰:《新乡土中国》,北京大学出版社,2013。

65. 朴振焕:《韩国新村运动:20 世纪 70 年代韩国农村现代化之路》,潘伟光等译,中国农业出版社,2005。

66. 张永岳、孙斌艺等:《城乡一体化联动发展研究》,华东师范大学出版社,2015。

67. 国务院发展研究中心农村经济研究部:《从城乡二元到城乡一体:我国城乡二元体制的突出矛盾与未来走向》,中国发展出版社,2014。

后　记

推动新型城镇化与农业农村现代化良性互动、融合发展是中国进入新发展阶段，重塑城乡发展新格局，最终走上共同富裕道路，全面实现现代化的重大战略部署。西北绝大部分地区属于国家的禁止开发区和限制开发区，推动西北地区城乡实现良性互动融合发展有一定的特殊性和复杂性。2015年中央政府提出要发挥好新型城镇化辐射带动农业现代化，农业现代化支撑新型城镇化作用，促进新型城镇化与农业现代化相辅相成。本书正是从那时起对西北地区如何实现城乡良性互动、融合发展所做的一些初步探索。值得欣慰的是课题组的研究方向、路径和基本结论与当下国家大力推动县域经济发展，实施以县城为重要载体的城乡融合发展战略相吻合。为此，课题组对研究成果做了进一步修改并拟正式出版，以期对全国"两化"良性互动、城乡融合发展在广度和深度上的推进有所助益。

魏晓蓉研究员负责全书的总体构思、框架设计和统稿，何苑所长、研究员对于全书的总体构思、框架设计、研究思路和主要观点给予了重要指导，《开发研究》副编审鲁雪峰负责书稿的编校工作。本书各章执笔者如下：导言，魏晓蓉；第一章，魏晓蓉；第二章，张博文；第三章，张博文、蒋钦；第四章，戴雪玲、张博文；第五章，邓生菊；第六章，魏晓蓉；第七章，邓生菊；第八章，魏晓蓉。

感谢本书研究写作团队的精诚合作和鼎力相助，感谢蒋钦助理研究员为本书大量数据的搜集整理所做的耐心细致工作，感谢鲁雪峰副编审的细心编校，感谢所有关心、关注本书的人们！

本书在编辑出版中得到社会科学文献出版社的鼎力支持和帮助，王玉敏女士对本书的编辑出版给予了耐心细致的专业指导，在此，特别致谢！

重塑新型城乡关系，推进城乡融合发展将是我国长期的战略举措，对新型城镇化与农业农村现代化良性互动发展的研究也将是我们长期的学术使命。由于我们的研究方处于起步阶段，也由于我们的水平和能力有限，本书分析阐述不到位甚至偏颇疏漏之处在所难免，恳请读者批评指正。

魏晓蓉

2022 年 9 月

图书在版编目（CIP）数据

西北地区新型城镇化与农业现代化良性互动发展研究 /
魏晓蓉，张博文，何苑著 . -- 北京：社会科学文献出版
社，2022.12
　ISBN 978 - 7 - 5228 - 1217 - 5

　Ⅰ.①西…　Ⅱ.①魏…　②张…　③何…　Ⅲ.①城市化
- 研究 - 西北地区 ②农业现代化 - 研究 - 西北地区　Ⅳ.
①F299.274 ②F327.4

　中国版本图书馆 CIP 数据核字（2022）第 237393 号

西北地区新型城镇化与农业现代化良性互动发展研究

著　　者 / 魏晓蓉　张博文　何　苑

出 版 人 / 王利民
责任编辑 / 王玉敏
文稿编辑 / 陈　冲
责任印制 / 王京美

出　　版 / 社会科学文献出版社·联合出版中心（010）59367153
　　　　　地址：北京市北三环中路甲 29 号院华龙大厦　邮编：100029
　　　　　网址：www.ssap.com.cn
发　　行 / 社会科学文献出版社（010）59367028
印　　装 / 三河市东方印刷有限公司

规　　格 / 开本：787mm × 1092mm　1/16
　　　　　印张：13　字数：200 千字
版　　次 / 2022 年 12 月第 1 版　2022 年 12 月第 1 次印刷
书　　号 / ISBN 978 - 7 - 5228 - 1217 - 5
定　　价 / 79.00 元

读者服务电话：4008918866